고주몽성제에서 광개토대제까지
대제국고구려 백제 신라 가야 왜 5국역사기행

고주몽성제에서
광개토대제까지

대제국고구려 백제 신라 가야 왜 5국역사기행

고준환 저

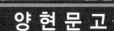
양현문고

우주는 한생명의 빛이고, 순수의식이며, 사람은 한 광파이며 순수의식이고, 구름 나그네이다.

사람은 또 습업적, 역사적 존재이며, 역사는 과거와 현재와 미래의 대화이다. 사람은 과거를 거울삼아 현재를 지혜롭게 살며 미래에 대비하는 것이다. 그래서 과거사를 잊은 민족에게는 미래가 없다고 하며, 민족혼을 되찾아야 한다고 한다.

물론 하나의 평화세계를 지향하면서 우리나라는 상고시대에 세계 첫 문명인 발해연안문명을 중심으로 환단조선시대를 열고, 2천년 제국 단군조선 천년제국 고구려와 신라 이래 유구한 역사를 면면히 이어왔으나, 근대에 이르러 일제에 강점당했고 해방이 됐으나, 남북분단이 되었으며, 6.25사변이라는 민족상잔을 겪었다. 이제는 우리가 주인 정신을 갖고 평화적으로 민족 대통일을 이루어야 할 역사적 사명이 있다.

올해 들어 한반도 비핵화 평화를 둘러싸고 남북·미일·중러 등 주변4강 정상들이 잇달아 회담을 가졌다.

9월엔 문재인 대통령과 김정은 국무위원장이 평양과 백두산 정상에서 회담을 갖고 동창리 미사일 발사대 폐기 등 비핵화,

적대행위 중단, 남북철도 연결 등 전면적 평화교류의 「평양선언」을 발표했다.

문 대통령은 또 9월 25일 뉴욕에서 트럼프 미 대통령을 만나 한반도 평화 구축에 협력하기로 하는 등 큰 진전이 있었다.

한반도를 둘러싼 국내외 정세가 급변하고 있는 것이다. 여기에 뿌리 깊은 나무처럼, 우리 역사의 뿌리인 고대사를 확립하여 영광된 나라의 기본을 한생명 상생으로 튼튼히 할 필요가 있다 하겠다.

그러므로 첫 민족국가인 단군조선이 붕괴되고, 열국시대에 민족통합과 천하통일에 뜻을 두고 실행에 나서 고구려를 건국한 52대 단군 고주몽 동명성제와 가장 영토를 크게 넓혀 고구려 대제국을 완성한 불세출의 영웅 70대 단군 광개토대제에 대한 역사를 알 필요가 절실히 요청된다 하겠다. 또 동명성제와 함께 고구려를 세우고 이어 대륙과 대양에 사실상 백가제해의 백제를 건국한 소서노여제도 대단한 여걸이라고 할 수 있다.

이어서 4국을 통일한 불교국신라, 김수로왕과 허황옥 왕후의 국제결혼과 한국불교의 1세기 가야초전 및 일본전파, 김수로왕의 딸 묘견공주가 도왜하여 중애천황과 결혼하여 신공황후가 되면서 쿠데타로 스스로 통치자가 되고 가야의 분국으로 야마대를 다스린것 등 고대5국(고구려·백제·신라·가야·야마대왜)의 역사를 임의적으로 환하게 기행한 것이 이 책의 기본 내용이다.

우리나라는 고대부터 세계사회를 향한 국제적 요소와 유목민적 기마민족 경향을 내포하고 있었다. 고주몽의 부친 고모수왕의 멕시코(맥이고) 건국, 고주몽의 서방진출이 그 중요한 것이다.

고대 5국의 국제결혼은 김수로왕과 허황옥 왕후를 포함, 인도 촐라왕국 출자 석탈해왕과 남해왕 아효공주의 결혼, 가야 묘견공주와 왜 중애천황의 결혼, 고구려 중천제와 신라 김씨왕국을 연 김옥모태후의 결혼, 진 혜제와 백제 원홍장(효녀 심청)과의 국제결혼 등도 특이하다.

우리 민족의 문화로 전통 명절인 설날과 추석은 물론 삼짇날·단오·칠석·중구절의 자주적인 기원도 밝혀냈다.

고대 5국 역사기행은 지금부터 2천년 전후의 일이고 신화·설화·제학설·사대식민사관·왜곡 등으로 많은 베일에 싸여 있지만, 사료에 충실하면서 지혜와 용기로 광명족답게 진실을 환하게 밝히어 우리 후손들이 자긍심과 호연지기로 웅혼무비하고 영광스럽고 행복하게 사는 기초를 마련하느라고 나름 노력을 했다. 그러나 고대사의 모든 사실을 알 수는 없어 이야기 전개상 추정이나 비정한 것이 있음을 밝히고, 영명한 후진들의 더 확실한 탐구를 기대해 본다.

저자는 우리 역사에 대하여 자주사학 입장에서 하나되는 한국사, 4국시대 신비왕국 가야, 신명나는 한국사, 대한근현대사 실록 칠금산, 덫에 걸린 황우석, 붉은 악마의 원조 치우천황을 비롯하여 성경엔 없다, 누가 불두에 황금똥 쌌나(생각쉬면 깨달음, 마음비우면 부처), 활빨빨한 금강경, 한생명 상생법, 평화세계거래법, 국제거래법론, 기업법원론, 굼벵이의 꿈 매미의 노래 등 저서를 이미 낸 바 있다.

저자는 제3대 국사찾기협의회 회장으로서 어려운 여건 속에서 자주국사 확립에 노력하시는 배재대 손성태 교수, 단국대 윤내현 교수·김병모 교수·신용하 교수·동국대 윤명철 교수·우실하 교수·이형구 교수·박정학 박사·허명철 박사·박창화 선생·안경전 선생·이종기 선생 등과 국사찾기협의회 초대 안호상 회장·2대 박창암 장군 등 역대 회장과 임원회원은 물론 모든 자주국사 확립인들에게 감사한다.

끝으로 신산업경영원장으로 존경받으며 산업문화 보국에 평생을 바치시고 자주사학에 관심이 깊으신 성의경 형님께 이 책을 바친다.

단기 4351년 개천절에
아하광파 고준환

차 례

제 1권
동명성제와 소서노 여제

1장. 하나의 꿈, 하나의 평화세계
2장. 북경 국제 올림픽
3장. 고주몽, 동부여 탈출
4장. 불함산 천제
5장. 만남
6장. 고구려의 건국
7장. 고모수왕과 멕시코
8장. 천하포무
9장. 기마민족의 서진
10장. 부부와 부자, 그리고 형제
11장. 남으로 가는 별들
12장. 백가제해

차 례

제 2권
신라, 가야, 야마대의 성장

1장. 신라의 건국과 성장
2장. 가야의 건국과 국제결혼
3장. 한국 불교의 가야초전
4장. 묘견공주 남매들의 도왜
5장. 가야의 분국, 야마대
6장. 백제의 미담
7장. 신라 민족통일과 불교
8장. 대무신제 · 부여태후 · 을밀선인
9장. 전륜성왕 광개토대제
10장. 광개토대제릉비문

제 1권
동명성제와 소서노 여제

| 제 1장 |

하나의 꿈, 하나의 평화세계

서기 2008년 8월 8일 오후 8시 8분, 동명고강인 중국 북경(北京, 베이징)에서 인류의 대서사극인 제 28회 북경국제올림픽이 '하나의 세계, 하나의 꿈'을 내걸고 열렸다.(단기 4341년, 불기 2552년)

이를 앞두고 국제양궁연맹이 뽑은 20세기 최고 궁사로 신궁(神弓)인 김수녕은 한국문화방송 해설위원으로 올림픽 양궁 중계방송 해설을 위해 인천국제공항에서 대한항공 KAL기를 타고 북경수도국제공항으로 향했다.

수녕의 옆 좌석에는 고문인 아하광파(丫下光波) 국사찾기협의회 제 3대 회장이 함께 자리했다. 수녕이 말문을 열었다.

"선생님, 안녕하세요?" "네. 안녕하세요? 수녕씨 반갑습니다."

"제가 국제양궁연맹 등 국제 활동을 하고 하나의 평화세계로 나아가면서 나라에 대한 감사함이 솟아나, 애국하게 되는데, 자주적인 입장에서 역사상 동이족(東夷族)이 떠오릅니다. 가장 활을 잘 쏘았다는 고주몽 동명성제를 비롯하여 고대부터 중요한 근현대의 항일독립운동사까지를 알려고 현장탐방 동북아 역사기행을 계획하고 있습니다. 비행기 타고 가는 동안 요긴한 곳들을 가르쳐주시면 깊이 새기겠습니다."

"그러지요 얘기해봅시다."

아하광파의 말이 계속 이어졌다.

"우선 인간은 역사적 존재이고, 역사는 현재와 과거, 미래의 대화이지요. 예부터 역사에서 배우지 못하는 민족은 망한다고 했습니다. 민족혼이 살아있어야지요. 우리나라가 지금 불행히도 남북분단 국가인데, 나뉘면 반드시 합치고, 합친 것은 반드시 나뉜다는 것이 역사의 법칙이라고 했으니, 우리는 합심하여 평화통일로 가야합니다.

우선 북경은 고주몽 동명성제가 다스리던 제후국 행인국(荇人國) 등 동명고강인데, 우리가 먼저 가볼 곳은 고구려 유민이 지금도 살고 있는 북경의 한 지역입니다. 제가 가봤던 곳은 북경 천안문 광장의 북동쪽으로 약 20km에 위치해있는 북경시 순의구 고려영진(順義區 高麗營鎭)입니다. 이 지명의 고려는 고구려를 뜻합니다. 여기에는 고려영진 인민정부가 있고, 고려라는 거리, 고려라는 상호가 붙은 가게도 많았으며, 고려영시장은 북경시장과 도량형이 달라 곡물 3두를 1두로 셈했고, 북경의 동전 100전을 600전으로 쳤는데, 고려영시장의 동전은 고구려인이 사용하던 거라 동전(東錢)으로 불렀습니다.

20세기 중국이 발간한 지도에는 북경 순의에 고구려 유리제 묘와 유리하 유리하진이 있었다고, 남당 박창화 선생의 고구려사 초략에 기술되어 있습니다.

동명고강인 북경 고려영진 인민정부 앞에 선 저자

　고려영진을 설치한 것은 고구려 태조무열제인데, 그는 즉위 3년부터 5년 사이에 안시성·석성·진안성·건흥성·요동성·풍성·한성·옥전보성·택성·요택성·백암성·통도성 등 12개성을 요하에서 황하북안 사이에 쌓았습니다.

　이 밖에 고구려 지명은 소고려영촌, 북경시 밀운현 백단촌(白檀村), 창평구의 고려하(河), 해정구 고리장(高里掌)촌, 통주구의 대고력장(大高力莊)촌과 고구려 사찰 고려사 등이 있고, 이웃 하북성 청룡현 박씨 집성촌, 고씨 집성촌도 있습니다. "

　수녕 : "선생님 다음에는 어디로 가나요?"

　아하광파 : "네 다음에는 우선 발해만, 요하, 홍산 쪽으로 가 볼 필요가 있습니다. 세계사에서 큰 강 유역에서 발생한 고대

문명으로서 인류 최고의 세계 4대 문명을 말하는데 〈중국 황하문명, 인도 인더스강문명(=하라파, 모헨조다르 문명), 메소포타미아의 티그리스 유프라테스강 문명(= 바빌로니아, 아시리아 문명), 이집트의 나일강 문명〉, 이들보다 더 앞선 최고의 문명은 통칭 발해(밝해, 광명바다) 연안문명입니다. 정확히는 홍산·요하·대릉하와 백두산·압록강·대동강·발해문명입니다. 황하문명이 화하족 중심이라면 발해연안문명의 주인공은 우리조상인 동이족입니다. 대륙의 내몽골 적봉시 홍산(紅山)으로부터 흐르는 요하와 대릉하를 따라, 또 백두산·압록강·대동강을 따라 발해만으로 연결되는 문명이기 때문입니다.

우리가 발해만에서 우선 가볼 곳은 고구려 때도 국제 무역항이 있었던 대련항과 일제 강점기 독립 운동지사들을 생각케 하는 여순 감옥입니다. 여순 감옥은 일본의 조선총독 이등박문을 하얼빈 역에서 저격한 안중근 의사가 순국한 곳이고 한·일 합방 후 5형제가 가진 서울 명동 등의 땅을 팔아 현재 가액으로 600억 원에 해당하는 자금을 마련하여 만주 벌판에 신흥무관학교 등을 세워 한일무력 투쟁을 하고 대한민국 임시정부를 적극 돕는 등, 독립운동을 펼친 이회영 선생님(동생이 대한민국 초대 부통령 이시영) 조선상고사 등 자주 국사책 등을 쓰고, 독립운동에 적극 나섰던 단재 신채호 선생님이 옥살이를 했고, 두분 독립지사의 사진은 지금도 여순감옥 터 안에 걸려 있습니다."

여순 감옥 신채호 선생님 사진 앞에서 저자

수녕 : "우리가 지금 잘 사는 것이 선조님들의 희생과 공덕
이라는 생각으로 감사한 마음이 듭니다."

아하광파 : "발해연안에는 요동반도 밑의 장산군도 등에 고
대문화유적이 많이 있습니다. 백두산·압록강·대동강의 문화
도 발해연안문명에 속합니다. 홍산으로부터 서요하 지역과 요
하를 지나 발해에 이르는 홍산요하 문명 유적지를 봅니다. 물
론 이들을 보려면 인류최대의 토목공사라는 만리장성을 넘어
가야 합니다. 이는 진시황제가 기원전 220년 동이족, 몽골족
등 북방 유목민족의 침략을 막기 위해 짓기 시작했으며, 하북
성 산해관에서 감숙성 가욕관까지인데, 직선거리는 2700km,
실제 장벽의 길이는 6352km입니다. 〈중국의 한(漢)족이 처음
확립한 것은 진시황 때이다 (기원전 221년 ~ 기원전 206년)〉
흥륭와문화〈2076m의 대광정자산을 시작으로 형성된 환국문화,

8천년전), 소하, 사해, 조보구, 대릉하 하가점상·하층문화, 대릉하 발원지 광두산을 주산으로 능원중심의 배달국 유적이 많은 우하량문화, 그리고 소하연 문화 유적지가 있습니다.

특히 배달국시대 문화의 우하량에서는 단군신화의 곰토템과 연관되는 웅녀신상이 발굴되었고, 여신묘와 원방각 적석묘가 드러났으며, 요녕성 수암에서 생산되는 옥룡이 출토되었고, 빗살무늬 토기도 다량 출토 되었습니다."

수녕 : "놀랍습니다. 이 홍산요하 문명은 우리나라 상고사와 제법 연관이 되는군요?"

아하광파 : "그렇습니다. 우리나라 상고사인 환한나라 환국(3301년), 배달(밝달국 1565년), 단군조선(2096년) 역사이지요."

이 상고시대 세 나라는 모두 태양으로 상징되는 광명사상을 기본으로 하는데, 환(桓)은 하늘광명, 단(檀)은 땅의 광명, 조선(朝鮮)은 조광선명(朝光鮮明)의 뜻이고, 조선은 삼한(三韓) 관경을 했고, 부여는 불을 상징하고 고구려는 높은 나라, 해의 나라를 나타내며, 고려조 왕공의 정문은 광화문(光化門), 조선조 경복궁 정문도 광화문이며, 8·15 해방 이후 광화문 중심으로 진행된 4월혁명, 한·일 월드컵 축구 붉은악마 응원전, 촛불혁명이 광화문 민주주의를 실현한 것입니다. 한(韓)은 사람의 광명으로, 태일(太 一·천지합일 인격완성)이며 각각 천지인(天地人)을 상징한 이름입니다. 여기에 발해는 광명바다이고 우리민족을 광명족(태양족, 태양빛이 흰색이므로 백의민족, 천손족, 백두산족)이라 할 만하지요. 백두산을 불함산(不咸山·화산분출부석 횐산·밝산·白山)이라고도 하는데, 육당 최남선은 동이족 동방문화를 불함문화라고 불렀습니다. 발해 연안문명에는 아주 오래된 십 수 만년 전 이래의 구석기, 신석기 문화유적도 발굴됐습니다.

수녕 : "선생님 전에 진태하 교수님이 방송에서 공자님은 지나한족이 아니라 우리 동이족이라고 하던데요?"

아하광파 : "그렇습니다. 유교를 창도한 공자님과 도교를 창도한 노자님 모두 우리 동이족이 배출한 성인이십니다. 한자를 집대성하여 처음 만든 창힐선생님도 동이족이니, 한글이야 당연히 우리글자이지만, 한자도 우리글자입니다. 그 밖에 무왕을 도와 주나라를 건국한 강태공, 처음 김씨족을 연 소호금천

동이족 적석총

(金天)씨(산동성 곡부 공자탄생지 인근에 능이 있음)도 동이 족입니다. 영국 빈센트 스미스 교수는 석가모니도 몽골인종이고, 고리족이라 했습니다."

다음엔 내몽골 홍산을 거쳐, 몽골을 지나고, 러시아의 바이칼 호수 쪽으로 가보겠습니다.

몽골의 역사를 보면, 단군조선 3세 가륵단군이 열양 욕살 색정을 약수(弱水)로 보냈고 (몽골인 = 훈족〈훈은 몽골어로 사람〉 = 흉노족), 색정이 이들의 시조가 됩니다. (환단고기 단군세기) 그래서 우리나라가 몽골리안 맏형이며 오사구 단군이 그 동생 오사달을 약수에 몽고리한(칸)으로 임명하니, 이것이 몽골국의 시작입니다.

약수는 몽골 호륜패이(呼倫貝爾) 초원(대흥안령 산맥 서쪽 호륜호와 패이호에서 이름땀)에서 감숙성으로 흘러드는 강과 지역을 말합니다.

몽골은 이어서 서기 8세기경 아무르강 상류 에르군네강 유역에서 몽골실위가 등장하고 서진하면서 게레이드 메르키트족 타타르족(檀檀에서 옴, 단군족) 나이만족과 투쟁하면서 성장하여 서기 1206년 알렉산더 나폴레옹과 함께 세계 3대 영웅으로 일컫는 징기스칸에 의하여 유라시아에 걸친 최강국 대원(大元)제국을 건설했습니다.

징기스칸은 서기 1167년 바이칼 호 호안에서 탄생했는데, 어머니 허엘룬은 바이칼 알흔섬 동쪽 바르쿠진의 토착 몽골족인 고리족이고, 어머니를 탈취한 아버지는 예수가이이나, 징기스칸의 생부는 타타르족 일파인 메르키트 부족장 토리토아의 동생 릴레두이니, 징기스칸은 한민족과 밀접히 연결된다 하겠습니다.

몽골의 수도 울란바토르를 지나 동북쪽 약 400여km 오논강 호숫가 빈데르솜에는 징기스칸의 몽골제국 건설비가 서있습니다.

몽골인들은 한국을 아름다운 형님나라라 생각하여 솔롱고스(무지개)라고 부릅니다.

중국 삼국지연의에 나오는 유비에게 명재상 제갈공명이 있었듯이, 징기스칸이 대원 제국을 세우는 데도 명재상 야율초재(耶律楚材)가 있어 3대의 칸을 보좌하여 높고 깊은 학식과 지혜를 정치 군사는 물론 대원제국 제도의 기초를 마련하였습니다.

야율초재는 불교조동종 종용록 저자 만송행수의 제자로서 담연(潭然)선사로 불리었으며, 부친 야율이는 금(金)나라 학자이며 재상이었습니다.

금나라를 세운 김아골타는 신라 마지막 왕 경순왕 아들인 마의태자 김함보의 7대손이고, 그 뒤를 이은 후금(後金) 즉 청나라를 세운 김 누르하치도 그 후손이어서, 나라이름을 금(金)이라 했고, 성을 표시할 때도 애신각라(愛新覺羅, 신라를 사랑하고 잊지 않음이며, 김 씨족 의미)라 했습니다.

김누루하치는 라마불교와 고려불교를 공부하고, 중국 동북 3성 지방을 만주스리(Manchusri)라 명명 했는바, 이는 지혜제일의 문수보살(Manchusri)에서 따온 것이었습니다. 지금의 만주 벌판입니다.

현대에 들어와서 1961년 4월 12일 우주선 보스토크 1호를 타고 1시간 반 만에 지구 상공을 한 바퀴 돌아 우주비행에 처음 성공하고 지구로 귀환한 최초 우주비행사 유리. A. 가가린은 소련인이나 몽골민족이었습니다.

이는 지구촌에 몽골리안이 중심이 되는 신유목민족 시대를 연 신호탄이었습니다.

다음은 러시아의 우랄알타이 산맥에서 동쪽 연해주로 이어지는 광활한 동토대가 있는 시베리아입니다.

지금 시베리아에는 하산, 블라디보스토크 이르쿠츠크, 삼강평원 등에 우리나라 기업들이 많이 진출해 있는데 기후 온난화로 시베리아 중요성이 더 커지며 앞으로 우리나라 철도와 독일 베를린이나 프랑스 파리를 연결하는 유라시아 횡단 시베리아 철도가 연결될 날이 멀지 않았습니다.

시베리아의 진주는 바이칼 호수(Lake Baikal)입니다. 바이는 샤먼(shaman, 沙門), 칼은 골, 계곡, 호수의 뜻이 있습니다. 수정처럼 맑고 깊고 푸른 이 담수 호수는 한국 면적의 1/3로서 세계에서 가장 오래되고 큰 까닭에 하늘바다(天海)라고도 합니다.

바이칼의 제일 큰 섬인 알혼(olhkon, 한알 흔적)은 주변국인 부리야트 공화국을 비롯한 유라시아 제국 샤머니즘과 무교(巫敎)의 성지입니다.

만주 국내성 인근 동명성제릉(장군총)

바이칼 호에는 단군신화와 비슷한 게세르(Geser) 신화와 선녀와 나무꾼 등 신화도 전해옵니다.

바이칼 호는 또 예맥족(부여, 고구려족), 훈족 고리족(몽골), 오환, 퉁구스족, 선비족, 위구르족, 투르크족, 거란족 등 유목민족들의 근거지였습니다. 이 호수는 공기와 물과 흙이 청정하여 징기스칸도 정벌전쟁을 하면서 때때로 들러 휴식을 취하고 명상과 기도를 하였다 합니다. 징기스칸의 무덤이 알혼섬에 있다고도 합니다.

시베리아는 상고시대로부터 비리국, 양운국, 고조선, 숙신(주신)국, 읍루국, 북옥저, 북말갈, 북부여, 북흉노, 발해 등 제국이 흥망성쇠를 거듭하였습니다.

바이칼에서 한·중·러 국경이 있는 연해주로 가는 도중에 우리나라와 특별한 인연이 있는 러시아 사하공화국 야쿠츠크 시가 있습니다. 이 시는 한국이 낳은 세계 제일의 맞춤형 줄기세포 수립자인 황우석 박사와 계약을 맺고 푸틴 러시아 대통령 요청으로 강제 노동 수용소 경비견 3마리를 복제했는바, 사하공화국은 이어서 1만년전 사라진 맘모스를 복제해 달라고 요청했고 황우석 박사가 이를 수락하여 그 복제 연구와 실험이 진행 중입니다.

현대사에 있어서 우리나라가 약소국으로 애석한 것은 남쪽의 생명과학자 황우석 박사와 북쪽의 김봉한 교수(경락확인과 산알이론으로 세계적인 생명과학자가 됨)가 그 바이오테크(B.T) 탐구로 모두 노벨상을 받고 국부를 늘려 우리나라가 세계 제일부국이 될 수 있었는데, 미·소 제국주의의 덫과 그에 부화뇌동한 국내세력들의 행패로 좌절된 것입니다.

다음 여정은 연해주와 만주 벌판 그리고 민족의 영산 백두산을 중심으로 한 한반도 북부 지역입니다. 이곳은 우리민족의 기원과 일제강점기 항일 독립투쟁을 치열하게 전개했던 유서 깊은 지역입니다.

수치스럽게도 조선왕조 말인 서기 1910년 8월 29일 일제는 한·일 합방을 했고, 우리나라는 국권을 상실하여 국민들은 항일독립운동에 나서게 됩니다.

일제는 을사늑약을 통해 대한제국 외교권을 빼앗고, 밤도깨비처럼 침략과 수탈을 일삼았으며, 합병 후에도 더욱 그 정도가 심해져 단물곤물 다 빼앗고 우리민족의 고통과 치욕은 말로 다 할 수 없었습니다. 그러다가 일제가 명성황후를 시해한 뒤에 고종황제를 독살하자 우리민족의 분기가 탱천하였고, 고종장례일인 기미년 3월 1일을 기해 제1차 세계대전 이후 최대의 3·1 독립운동이 서울·평양 등 6개 도시에서 일어나 전국 도시와 농촌 그리고 해외로 퍼져나갔습니다. (민족대표 손병희,최린,이승훈,김선주,백용성,한용운 등 33인)

이때 우리 민족은 대한의 독립을 위해 무력투쟁, 실력양성을 위한 교육문화 운동, 농민·노동자 중심의 조세 저항 등 산업 투쟁을 이어 갑니다.

그에 앞서 중국 상해에서는 여운형, 김규식, 신규식, 장덕수 등이 대한독립을 위해 신한청년당을 만들고 국내와 만주·일본 동경과 연락을 취하고 있었습니다.

그래서 3·1절을 20일 앞둔 2월 8일 동경에서 2·8독립선언서를 뿌려서 3·1운동의 기폭제가 되었습니다. 또 그보다 앞선 2월 1일(무오년 음력 12월 27일, 무오독립선언이라고 함) 만주길림에 있는 독립의군부 정령이요 서로군정서 부독판인 여준선생 집에서 무오독립 선언서를 낭독하고 전 민족에게 뿌렸습니다. 여기에는 독립운동의 대부 이상설, 김동삼, 박은식, 이상룡, 여준, 박찬익, 황상규, 김좌진, 정원택, 정운해, 조소앙 등 39명의 민족대표가 서명했으며 초안은 무력투쟁에 역점을 두었는데, 조소앙이 기초했습니다.

3·1운동이 일어난 한달 뒤인 4월 11일 상해에서는 대한민국 임시정부가 수립되었고, 4월 13일에는 한성임시정부 등을 통합하기 시작하여 9월에는 노령 임시정부(이상설, 최재형, 김경천, 이동녕, 이동휘 등)까지 통합하여 하나의 대한민국 임시정부가 되었으며 (대통령 이승만 → 박은식, 내무총장 안창호, 재무총장 최재형, 군무총장 이동휘, 체제가 바뀐 후 주석 백범

김구) 그 산하에 북로군정서, 서로군정서의 군 사령부를 두었고, 나중에 백범은 광복군을 창설하여 중화민국 장개석 총통 등과 협력을 강화하였습니다.

항일독립운동의 문화 교육적 중심은 만주 벌판 쪽에서는 화룡에 본부를 둔 대종교 (교조 왕검단군) 입니다. 대종(大倧)은 하느님이 지상에 내려온 신선을 일컫습니다.

처음 명칭은 단군교였으며, 우리 민족고유의 하느님을 믿고, 환인·환웅·단검을 삼신 일체로 받들고, 지감·조식·금촉을 수행하여 성명정의 진리로 돌아가며 백두산을 인류기원 문명의 발상지로 보았습니다.

홍암 나철 2세교주 무원 김교헌과 백포 서일장군은 1909년 단군교 중광단을 조직, 독립투쟁을 선도하고, 북간도 독립군을 통합하여 북로군정서를 만들고 청산리 전투, 봉오동 전투 등 대부분의 장병이 대종교인이었습니다. 뒤에 나철선생과 서일장군은 순절 하였습니다. 문화교육 독립운동은 한반도 안에서는 제일 큰 것이 전북 정읍 십일전(十一殿)에 본부를 둔 강증산 계통의 보천교로서 신도가 6백만 명으로 줄기차게 독립투쟁을 지속하였습니다.

대종교에 관계한 분은 이상설, 박은식, 김규식, 이상용, 신채호, 여준, 김좌진, 김동삼, 김경천 장군 등이 있으며 상해 대한민국 임시정부의 정원 35명중 28명이 대종교도 였습니다. 한편 한반도 북부, 만주·연해주 등지에서 무장투쟁을 하게 된 것은 신흥무관학교가 병력을 양성한 영향이 큽니다.

여기에는 이회영, 이시영등 5형제가 가문의 전 재산을 팔아 현재가로 약 600억원을 마련하고 이상설, 이동녕, 이상룡, 장유순 등 애국지사들과 총 단결한 결과라고 할 수 있습니다.

이들은 1906년 용정에 서전서숙을 만들고 용정중학, 용정 실험소학교, 신흥강습소, 대성중학교(지금은 이상설기념관)를 건립, 운영하였고 이어 이들은 경학사와 함께 신민회를 중심으로 1919년 5월 3일 서간도 지역서 독립군 양성소로서 신흥무관학교를 세웠습니다.

본부는 남만주 유하현 삼원보에 있었고, 통화현 합리하로 옮겼으며 해룡현 성수하지 등에 분교를 두기도 했습니다.

김경천, 지청천, 이범석 장군 등이 교관을 하였습니다. 만주에서 일하던 이상설은 1905년 연해주로 망명하여 대한광복군을 기초로 소련망명정부를 만들었습니다.

이상설 선생을 만나보고 가장 존경한 사람이 하얼빈에서 이등박문을 총격한 대한의군중장 안중근 의사입니다. 안중근 의사의 거사를 뒷받침 해준 분은 최재형 선생입니다. 하얼빈은 본래 우리민족의 유서가 깊은 곳으로 주변의 완달산과 함께 우리국조 왕검단군께서 백두산에서 개국을 위한 천제를 지내시고, 처음 도읍한 수도인 송화강 아사달이 있는 곳입니다.

백두산 밀영을 중심으로 한 동북아 지역에서 3.1운동 전후로 있은 항일독립전쟁은 우리 독립군의 봉오동, 청산리 대첩을 비롯한 여러 전투와 간도참변, 자유시 참변(흑하사변) 등 극심한 참변도 벌어졌습니다.

1919년 상해임시정부 산하 북로군정서와 서로군정서는 국내 진입 작전을 기획하였습니다. 우선 함경북도 온성전투로 1920년 3월 15일부터 27일까지 양하청 장군 등이 지휘하는 국민회군과 북로군정서가 두만강을 건너 모두 8차례에 걸쳐

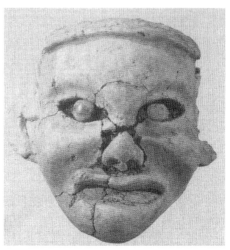

요하 우하량 유적지 출토 웅녀상

일본군 주재소, 일본군 헌병대, 일본 경찰대를 격파하였습니다.

이 온성전투는 삼둔자 전투와 함께 봉오동 전투와 청산리 전투로 확장됩니다.

다음은 1920년 6월 6일 도문시 삼둔자(三屯子)전투입니다. 홍범도, 최진동 장군의 대한북로독군부가 두만강 건너 국내진입작전을 벌여 일본군을 대파하였고, 두만강을 건너온 일본군 남양수비대를 궤멸시켰습니다.

〈눈물젖은 두만강〉

두만강 푸른 물에 노 젖는 뱃사공
흘러간 그 옛날에 내님을 싣고

떠나간 그 배는 어데로 갔소.
그리운 내님이여, 그리운 내님이여
언제나 오려나.

강물도 달밤이면 목메어 우는데
님 잃은 이 사람도 한 숨을 쉬니
추억에 목 메인 애달픈 하소연
그리운 내님이여, 그리운 내님이여
언제나 오려나.

이 노래는 도문시 두만강 나루 선착장에서, 상해임시정부 독립투사 문창학씨가 만주독립투쟁에 참여했는데, 그 부인인 김증손녀 여사가 남편을 찾아 두만강 나루까지 왔을 때, 남편이 타계했다는 소식을 듣고 용정여관에서 밤새워 통곡하는 것을 들은 유랑극단 이시우씨가 작곡하고, 김용호씨가 작사한 것을 김정구 선생이 부른 우리 민족의 노래입니다.

봉오동 전투는 1920년 6월 7일 길림성 왕청현 봉오동 계곡과 후안산을 중심으로 화룡현까지 우리 독립군이 일본군을 대파한 승리의 전투입니다. 이를 주도한 분은 대한 북로독군부의 홍범도 장군을 비롯하여 국민회군의 안무, 대한북로독군부의 최진동, 최운산 그리고 한경세, 이흥장군으로 대한신민단 연합부대였습니다.

이에 일제는 보복으로 간도지역 조선인 초토화 계획을 세워 일부러 중국 마적단을 사주하여 일본 영사관을 습격하는 훈춘

사건을 일으키고(1920.8) 이를 핑계 삼아 간도에 사는 조선인 3,700여명을 학살하니, 이를 경신참변이라 합니다.

다음은 청산리 전투로, 백두산 동북쪽 40km 지점의 두만강 상류 안도현 청산리에서 1920년 10월 21일부터 26일까지 벌어진 가장 치열했던 독립전쟁이었습니다. 이 전투에서 우리 독립군 3천 명은 일본군 2만 명을 갑산촌에서부터 격파하였고 이후 10차례나 격전을 벌였습니다. 이 전투로 일본군은 전사 1,500명, 부상 3,300명을 내었고, 우리 독립군의 희생자는 전사 130명, 부상 90명이었으며, 대종교인 200여 가구가 초토화되었습니다.

청산리 전투를 지휘한 장군은 서로군정서와 합친 북로군정서의 김좌진, 지청천, 이범석, 나중소 장군이었으며, 대한독립군의 홍범도 장군, 박영희, 김훈, 홍충희, 김찬수, 오상세 장군도 참여하였습니다.

홍범도 장군의 부대는 대한독립군, 국민회군, 의군부, 한민회, 광복단, 의민단, 신민단 등의 연합부대로 그 병력은 1,400명이었습니다.

지금 청산리에는 청산리대첩기념탑이 세워져 있습니다.

우리 독립군이 봉오동과 청산리에서 대첩을 이루자, 일제는 그에 대한 큰 보복으로 비극적인 간도참변과 자유시참변(흑하사변, 연해주)을 일으켰습니다.

간도참변은 일제가 경신간도학살 사건에 이어 간도지역에서 1920년 10월부터 1921년 4월까지 조선인을 무차별하게 학살하고, 집을 초토화한 사건으로 그 희생자가 헤아릴 수 없이 컸습니다.

이에 관련하여 만주벌 호랑이라 불리는 일송(一松) 김동삼 장군은 군사경영을 위해 위장으로 '백서농장'이라는 군사기지를 만들었고, 서로군정서를 창설해 그 참모장을 맡아 모든 전투를 기획했습니다. 또한 청산리 전투 후에는 서로군정서와 북로군정서를 통합하여 대한독립군단을 만들고 평생 독립전쟁에 참여하였습니다.

일송 김동삼 장군은 아리고 쓰린 마음으로 간도참변을 보고 용정 일송정에 올라 선구자의 길이 지난함을 느꼈습니다.

〈선구자〉 (윤해영 작사, 조두남 작곡)

일송정 푸른솔은 늙어늙어 갔어도
한줄기 해란강은 천년두고 흐른다
지난날 강가에서 말달리던 선구자
지금은 어느곳에 거친꿈이 깊었나.

용주사 저녁종이 비암산에 울릴 때
사나이 굳은마음 깊이새겨 두었네
조국을 찾겠노라 맹세하던 선구자
지금은 어느곳에 거친꿈이 깊었나.

용두레 우물가에 밤새소리 들릴때

뜻깊은 용문교에 달빛고이 비친다
이역하늘 바라보며 활을쏘던 선구자
지금은 어느곳에 거친꿈이 깊었나.

연해주에는 대한제국이 쇠망하면서 백성들이 녹둔도, 하산, 블라디보스토크 등으로 이주하여 농사를 짓기도 하고, 장사도 했으며 그로 인해 점차 독립운동가들과 독립군들이 연해주로 모여들기 시작했습니다.

연해주에 신한촌이 형성된 것이 1863년이었고, 이후 반세기가 흐르면서 이주민의 수는 약 20만 명에 달하였습니다. 연해주에 독립군이 처음 생긴 것은 무역으로 재벌급이 된 최재형 선생이 32개의 학교를 세우고, 안중근 의사를 적극 도우며 독립의병대인 정의회를 조직하면서였습니다.

이상설이 만주에서 연해주로 망명한 것은 1905년이었습니다. 이상설은 1907년 네덜란드의 수도 헤이그에서 열린 제 2회 만국평화회의에 고종의 특사로 파견되어 일제가 행한 을사늑약의 불법성을 폭로하고 주권회복을 위한 외교활동을 벌였습니다. 이때 부사(副使)는 헤이그에서 분사한 이준열사, 참사관은 이위종이었습니다.

대한국민회의와 노령대한임시정부를 만든 것은 1919년이었습니다.

연해주에서는 1921년 6월 27일 자유시참변이 일어났습니다. 그것은 노령의 자유시인 알렉세프스크와 수라세프카에 주둔

중이었던 한인부대 사할린 의용대를 러시아 적군파가 무장 해제시키는 과정에서 충돌한 사건인데, 고려공산당 상해파(이동휘)와 이르쿠츠크 파의 파쟁에서 기원한 것이었습니다. 이 참변으로 한인 보병 자유대대가 무너지면서 사망 272명, 익사 31명, 행방불명 250명, 포로가 된 사람 917명이 발생했습니다.

독립전쟁은 계속 백두산 밀영을 중심으로 한 동북아지역에서 격렬하고, 신나고 때로는 슬픈 전쟁 속에서 "하나의 금별"을 상징하는 김일성의 전설이 독립군 사이에 생기기도 했습니다. 그 대상은 김경천 장군, 김창희 장군, 김동삼 장군 그리고 김성주 장군이었습니다.

김성주(金成柱) 장군은 동북항일연군의 대장으로 최현과 같이 독립군을 이끌고 1937년 6월 4일 함경남도 갑산군 보천면 보천보에서 일본군을 격파하여 승전고를 울렸습니다. 이것이 백두산 밀영 보천보 전투이었습니다.

김성주 장군은 그 후 제 2차 세계대전이 끝나고 8.15 해방 이후 벌어진 남북분단으로 인해 북조선을 지배하게 된 김일성 주석으로 김정일, 김정은 3대에 걸친 김씨 조선을 연바 있습니다.

〈백두산 아리랑〉

아리랑 아리랑 아라리요 아리랑 고개로 넘어간다
나를 버리고 가시는 님은 십리도 못가서 발병난다

아리랑 아리랑 아라리요 아리랑 고개로 넘어간다

가자 가-자 어서야 가자 백두산 덜미에 해저물어 간다

아리랑 아리랑 아라리요 아리랑 고개로 넘어간다

여기서 아리랑은 알이랑이고, 알은 우주의 기본인 한 알(한 얼) 씨알, 하느님을 뜻합니다. 그래서 아리랑을 알이랑으로 한 알, 씨알, 하느님과 함께 한다는 뜻입니다. 이것에 사랑과 정서가 녹아들어 민족의 애환을 담은 아리랑은 지역마다 다른데 정선 아리랑, 밀양 아리랑, 진도 아리랑 등 500여곡이 그것입니다. 위의 아리랑은 본조 아리랑, 경기도 아리랑, 서울 아리랑으로도 불리었는데 1926년 나운규의 영화 '아리랑'의 주제가로 불리면서 전국에 불길처럼 번졌습니다. 아라리는 알알이 또는 사랑에 상처 받은 이를 뜻하고, 아리랑은 아리따운 님, 아리랑 고개는 아리랑이 넘는 고개, 또는 님을 이별하는 고개, 아리 아리랑은 사랑에 아린마음(가슴앓이), 쓰리 쓰리랑은 사랑에 쓰린 마음을 뜻하기도 합니다.

〈 다음부터는 편의상 평서문으로 바꿉니다.〉

백두산(불함산, 중국에서는 長白山이라 함)은 우리민족의 영산일 뿐 아니라, 세계인류가 최초로 탄생한 명산으로 높이 2,750m 꼭대기에 화산폭발로 하늘못(天池)이 있다.

백두산은 압록강, 송화강, 두만강의 발원지여서(三水甲山이

라 함) 문화창조에 많이 기여했으며(발해연안문명), 장백폭포,
금강대협곡과 함께 장군봉 등 16개의 봉우리가 있다.

또 백두산을 시작으로 백두산맥이 한반도를 종주하여 뼈대
를 이루므로 백두대간이라고 한다. 백두산 줄기 밀영마다 독
립투사들의 피 흘린 자욱이 서려있었다.

백두산 천지와 함께 제주도 한라산은 꼭대기에 백록담이 있
어, 그 중간에 있는 마니산 참성단과 함께 하늘님(하늘)에 천
제(天祭)를 지낼 때, 자연적으로 북두칠성의 정화수 역할을
한다.

부도지, 산해경, 환단고기 등에 의하면 수백만년전 북두칠성
에서 대선천(大先天)인 나반과 아만이 백두산정상 신무성(神
巫城)으로 내려와 백두산 아래쪽 북포태산과 남포태산으로 가
서 거주하니, 이분들이 인류 최초의 탄생이라 한다. 이들은 나
중에 혼인하여 자녀를 낳고 밝고 행복하게 살았는데, 그 자손
들이 한반도를 비롯하여 5대양 6대주로 흩어져 살며 인류를
번성하게 했다고 한다.

백두산은 우리민족의 영산일 뿐 아니라 만주족, 몽골족등도
영산으로 생각했다. 만주족 국조신화인 청태조 김누르하치의
천강탄생담, 몽골족 제일신 보목낙신 천신천강 신화가 백두산
에서 시작하는 것이 그 예다.

우리나라 역사와 관련한 역사의 새벽을 살펴보면, 하늘의 주
신인 환인천제(안파견)가 마고성이 있는 파밀공원 파내류산에

서 빛을 찾아 천해 쪽으로 가 한텡그리산에서 환국(桓國, 환한나라, 광명국, 桓은 전체와 하나되는 빛)을 약 9,300여년 전에 세웠다.

2대 혁서환인 천제는 천산산맥을 따라 바이칼 호수 쪽으로 가서 홍륭와문화 하가점하층 문화를 발전시키며 곰을 토템으로 하는 맥족이 중심이 되어 발해·요하·홍산 문명지역으로 옮겼으며, 선비족·오환족이 사는 조양(朝陽)의 하늘산인 오환산으로 도읍을 옮겼다.

환국은 7대 3,301년 동안 지속되었으나, 환단고기에는 6만 3천년이라고도 기록하고 있어, 이는 환국 역사 이전의 또 다른 전사 환국이 있었던 것으로 추정된다.

환국의 마지막 지위리 환인천제는 그 아들 거발환 환웅에게 밝달(배달)인 밝은 땅으로 가서 개천(開天)하라고 하니, 이 분이 배달국(환국)을 세운 거발환 환웅천황으로 중선천(中先天)이라고도 한다.

거발환 환웅천황은 환한세계를 향한 홍익인간 광화세계(弘益人間 光化世界〈환웅천황의 염표문인 일신강충一神降衷 성통광명性通光明 재세이화在世理化 홍익인간弘益人間의 축약 표현이다.〉 이는 하느님이 내려와 마음의 광명으로 통하여 세상의 이치가 되어 크게 돕는 인간이 된다는 뜻이다)를 이념으로 천부인 3개(천부경이 새겨진 거울, 칼, 북)를 들고 풍백, 우사, 운사와 오가(五家), 그리고 무리 3천을 이끌고 백두산 신단수(박달나무) 아래로 와서, 새 나라를 열어 360여 가지 일을 다스렸다. 이곳이 신이 내린 벌판이란 뜻의 신불(神市 벌판불

자, 신시가 아님)인데, 천평(天坪)이라고도 하며 지금의 백두산 삼지연 지역이다.(기원전 3898)

훗날 환웅천황은 농사를 짓고 살기 좋은 곳을 찾아 요녕성 요하유역의 조양곡(朝陽谷) 북쪽에 있는 푸른 언덕 청구(靑丘)로 도읍을 옮겼다. 그리고 대릉하 유역에서 우하량문화 등을 발전시켰는데, 지금의 홍산, 소주산, 심양, 탕곡을 포함하는 지역이다. 이 청구를 중심으로 한 나라를 청구국이라고도 하는데, 배달국 14대 치우천황 때는 강역을 더 넓혀 하북성, 하남성, 산동성, 강소성은 물론 양자강 유역까지 확장되었다.

배달국은 마지막 거불단 환웅(단웅) 까지 18대 1585년간 계속 됐는데, 단웅의 아들이 왕검단군으로 단웅이 배달국의 제후국인 곰족 나라(맥족)로 요서지방에 있던 단허국 공주 웅씨녀와 혼인하여 낳았다.

이 왕검단군이 백두산에서 천제를 올리고 송화강의 아사달인 지금의 하얼빈이 있는 완달산에서 조선(朝鮮, 朝光鮮明, 광명국가)을 건국했으며(기원전 2333년), 우랄 알타이어인 고조선어를 사용하면서 쌀농사를 짓고, 47대 단군까지 2096년간 지속되었다. 이것이 우리나라 상고사의 요체이다.

만주 벌판에 고구려 유적은 많이 있지만, 백두산에서 서파로 내려가 북경으로 가는 길에 국동대혈, 고구려 두 번째 수도인 국내성 지역의 장군총(고주몽 성제의 릉으로 동북아 최대의 피라미드)과 만주 벌판에 우뚝선 광개토대제릉비(국강상광개토경평안호태왕비)와 광개토대제릉을 보고 다음에는 고주몽 동명성제가 처음 도읍한 요녕성 환인현 졸본성과 오녀산성을 보기로 한다.

국동대혈(國東大穴)은 국내성 동쪽 17km에 있는 큰 암석동 굴로(집안현 현성) 동남향으로 되어 있으며, 이곳에서 400m를 내려가면 압록강에 닿는다.

이 동굴은 높이 10m, 너비 25m, 길이 20m의 큰 굴로 30평 크기의 평평대가 있다. 이곳은 성소인 국가의 신사로써 제사 지내기에 좋다.

국동대혈에서 서쪽으로 100m 올라가면 용암동굴인 통천동 천(하늘과 통하는 곳)이 있어 매년 음력 10월 3일이면 고구려 왕과 신하들이 개천제를 지냈다.

국동대혈에서는 새해 설날, 중구절과 뒤엔 동명을 따르는 동 맹(東盟)이라는 청년 수련단체가 신맞이 제사를 지냈다.(동명 대제) 고려의 8관재도 이를 이은 것이다.

국동대혈에는 수신으로 두 분을 모셨다. 한분은 시조신이자 천부신, 유목신인 고등신(高登神)이고 다른 한분은 국모신이 자 지모신, 농경신인 유화신(柳花神, 고주몽의 어머니)이다.

초기에 한족(韓族)·주신족(숙신족)·예족·맥족·고리족· 읍루족·몽골족·동궐족·탐라족 등이 연맹하여 창건한 단군 조선의 단군은 세 시대로 나눌 수 있다. 왕검단군(환씨 왕검) 부터 21대 소태단군까지는 환씨조선이며 22대 색불루 단군부 터 47대 고열가(高列加) 단군까지는 고씨 조선인 바, 같은 고 씨이지만 44대 구물단군부터 47대 고열가단군까지는 대부여라 고 국호를 바꿨다.

21대 소태단군 시대에 고등(高登)이 실력으로 우현왕이 되고, 그 자손인 색불루가 쿠데타로 집권하여 22대 단군이 되었다. 그 후, 그의 후손인 47대 고열가에 이어, 48대 단군이라고 할 수 있는 북부여 건국자 해모수(해씨는 고씨와 같다. 해모수는 지명이자 인명이다), 고진, 고덕(고덕은 고모수의 생부이고, 고법은 양부임), 고모수를 거쳐 52대 단군이자 고구려 건국자인 고주몽에 이르게 된다.

　동명성제묘는 고구려 대무신왕 때 세웠으며(국내성용산, 장군총), 백제 온조왕도 동명왕묘를 세웠다. 근세 조선에서는 세종대왕이 평양에 단군릉과 단군전을 세웠다.(서기 1429년) 현재 평양에는 역포구역 용산리에 전동명왕릉과 정릉사라는 사찰이 있으며, 평양 중구역 종로 등 숭령전은 왕검단군과 동명성왕을 모셔 해마다 제사를 지낸다.

　장군총은 길림성 집안현 통구시에 고주몽 성제릉으로 추정되는 거대한 피라미드로 한 밑변의 길이가 33m, 높이는 13m이다. 장군총이 광개토대제릉이라는 설도 있었으나 광개토대제릉이 최근 발견되었고, 장군총이 용산 앞이고 7층 3단이며, 국내성 동문과 일직선상이다. 거기서 광개토대제릉비까지 1,650m, 광개토대제릉까지는 2,050m인바, 동국대 윤명철 교수는 7층 3단의 피라미드며 집안현지에 동명왕묘라고 적혀있어 고주몽 성제릉이라고 주장했다. 한성백제의 석촌동 고분도 이와 비슷한 형태를 하고 있다.

고구려의 수도를 평양으로 옮긴 제 20대 장수왕이 불세출의 영웅인 아버지 광개토대제의 업적을 기리기 위하여 만주 벌판에 우뚝 세운 강력 응회암비가 광개토대제릉비이다. 세계에서 유일한 2천년 제국 단군조선을 다물(多勿, '옛 땅을 되찾음'이란 뜻의 고구려말)하려한 고주몽 동명성제의 뜻을 이어받아 천하대란을 잠재우고 천하통일에 나서 천년 대제국 고구려 역사를 완성한 것이 광개토대제이다.

　이 비석은 집안현 통구에 있는 데, 높이 6.39m, 너비 1.39m, 너비 1.38~2m, 측면 1.35~1.46m이고, 대석은 3.35m~2.7m이며 한문글자는 1,775자이다.

　그 내용은 추모왕(고주몽) 건국신화, 왕세계, 광개토대제의 행장, 정복활동, 영토관리, 다물통일의지, 만주정복, 백제정벌, 동부여, 숙신정벌, 신라구원과 64개 성, 1400개 촌 공파(攻破) 등의 내용이 있고, 능 관리인, 수묘제 등이 들어있다.

　일제 강점기에 '사꼬 가게노부 중위'의 비문조작 왜곡(석회 도부작전)으로 신공황후 신라 정벌설, 임나일본부설이 문제가 되었는데, 특히 신묘년(辛卯年)조 해석이 문제가 되었다. 결론적으로 말하면 '신묘년조는 예부터 백제, 신라는 고구려의 속민으로 조공을 해왔는데, 신묘년에 왜가 건너오자 광개토대왕이 백제, 왜구, 신라를 공파해 신민으로 삼았다.'의 내용이다. (신묘년조에 왜가 來渡王破의 王자를 사꼬가 海자로 조작한 것이다)

　광개토대제릉은 최근에 발견된바, 광개토대왕비 동북쪽 직선거리 400m에 위치하고, 높이 14.8m, 한변길이 66m인 9층의 대피라밋이다.

고주몽 동명성제가 처음에 도읍한 곳은 요녕성 환인현 서성산 졸본성(하고성과 나합성)이고, 동가강 유역 홀승골성이라고도 한다. 지금은 수몰되었다.

수도 졸본성의 방어용 산성이 환인현 오녀산성이다. 성 둘레가 5km인 오녀산성은 오녀산의 높이가 800m이고, 산 정상에 남북 1km, 동서 300m의 평탄 대지가 있으며, 산 정상에는 항상 물이 샘솟아 방어용 산성으로 아주 적합하였다. 졸본지역의 토양이 기름지고, 혼강으로 비옥한 충적평야가 있어 논농사를 짓기에 좋은데, 오녀산성은 100m~200m의 절벽이 있어 험준하므로 좋은 산성이라고 할 수 있다.

유리왕 때 국내성으로 수도를 옮긴다.

김수녕 : 끝으로 우리나라 국호가 대한민국인데, 그 기원과 나라한(韓)자에는 어떤 유래가 있는지요?

아하광파 : 1948년 7월 17일 제정된 헌법1조가 대한민국은 민주공화국이다라고 했습니다. 이는 1919년 3.1 독립운동 직후 세운 중국 상해의 대한민국 임시정부에서 따온 것이고, 1897년 조선 고종이 선포한 대한제국의 한(韓)에서 유래했습니다. 대한제국의 한은 삼한을 계승했다고 합니다. 삼한(三韓)은 두 가지가 있는데, 하나는 남삼한으로 삼국 전 한반도의 남마한·남진한·남변한을 뜻합니다. 또 하나는 단군조선의 삼한 관경의 삼한인데, 진한·번한·막한입니다. 단군조선이 주로 한(韓)족·맥(貊)족·예(濊)족 등으로 구성된 점도 살펴 봐야

합니다.

지나쪽 사정을 보면, 동이족 국가로 고대에 은나라(상나라)도 있었고, 춘추전국 시대에는 한(韓)나라도 있었습니다.

기원전 1100년 유교삼경 중 하나인 시경에는 한후라는 인물이 나옵니다. 그런데 잠부론 서성편에서 왕부는 시경의 한후(韓候)가 그 후손이 위만에 망하여 바다건너로 갔다한바, 이는 번조선=번한 준왕이므로 주나라 왕과 국정을 논한 한후는 번조선 준왕의 선조인 번한왕이라고 할 수 있습니다. 근본적으로는 앞에서 논급한 바 있지만, 한은 '환한'에서 온 바, 태양족·광명족을 뜻하고, 하나·크다·환함·태양·한알 등 의미가 있어, 환한나라 환(한)국, 단군조선의 번한에서 왔다고 봅니다.

광명족인 우리나라에서 하늘의 광명은 환(桓)이고, 땅의 광명은 단(壇)이며, 사람의 광명은 한(韓)입니다. 22대 색불루단군이 환서여(桓西餘)를 번조선 즉 번한왕으로 임명한 바, 환(桓)은 한(韓)이므로 번조선은 한씨조선입니다.

아하광파 선생의 얘기가 끝나자, 김수녕씨가 말했다.

김수녕 : "우리 자주역사에 대한 좋은 가르침에 감사드립니다. 앞으로 역사기행과 북경올림픽 중계방송 해설에서 많이 참고하겠습니다."

아하광파 : "잘 들어줘서 고맙습니다. 수녕씨!"

그 즈음 낭랑한 목소리의 승무원이 기내방송을 했다.

"우리 비행기는 잠시 후 북경수도국제공항에 착륙하게 됩니

다. 안전벨트 착용을 확인해 주시기 바랍니다. 안녕히 가십시
오."

　김수녕 신궁과 아하광파 선생은 얼마 후 비행기 트랩을 내
려와 북경수도국제공항을 빠져 나갔다.

| 제 2장 |
북경국제올림픽

사람마다 선호하는 숫자는 다를 수 있다.

엉덩이에 푸른 반점이 있는 동이족은 태극, 음양오행에서 회삼귀일이니 1, 3, 5, 7, 9를 대체로 좋아하고(홀수 선호문화), 엉덩이에 푸른 반점이 없는 지나인은 태극, 음양, 4상, 문왕8괘, 8음 8양이니 해서 2, 4, 6, 8, 10을 대체로 좋아하는(짝수 선호문화) 경향의 수리철학을 갖고 있다.

중국인을 속칭으로 말하는 '비단이 장사 왕서방'은 특히 8이라는 숫자를 선호했다. 그것은 8(八=파)이 파차이(發財, 재산축적) 첫 글자 음과 같기 때문이기도 하다.

다른 한편, 세계의 성인들도 8자로 된 가르침이 많다. 노자의 8선(善), 공자의 8조목(條目), 석가모니의 4성제 8정도(正道), 예수의 8복(福), 왕검단군의 범금 8조(條) 등이 그것이다.

2008년 8월 8일 오후 8시 8분에 개막된 제 29회 북경국제올림픽은 올림픽 발생지인 그리스 아테네를 출발한 성화가 지구를 한 바퀴 돌고 한반도를 거쳐 북경국제올림픽경기장으로 봉송되어 성화대에서 불타오르면서, 팡파레가 울려 퍼지는 가운데 지구촌 64억 인류의 불꽃축제가 시작되었다.

이 대서사극의 개막 연출은 세계적으로 유명한 영화 '붉은 수수밭'의 장예모(張藝謀) 감독이고, 컴퓨터 그래픽의 등장으로 관심을 끌었으며 1만 5천명이 함께 춤춘 군무는 정말 장관이었다.

'하나의 세계, 하나의 꿈(同一個世界, 同一個夢想/ one world, one dream)'을 슬로건으로 '춤추는 베이징'을 엠블럼으로 '푸와(福娃, 복덩이)'를 마스코트로 하여 전 세계 205개 국가, 28개 종목, 302개 세부종목에 10,500명의 선수가 참가하여 정정당당하게 다툰 역사적 북경오륜(北京五輪)이었다.

역사란 사람이 깨어나 행복을 누리려는 꿈에서의 몸부림인지도 모른다.

북경 올림픽의 전적을 보면, 인구 약 5천만 명의 대한민국은 북경오륜에 25개 종목 267명의 선수가 참가하여 종합전적 7위를 차지했고(금메달 13개, 은메달 10개, 동메달 8개) 인구 약 2,500만 명의 북조선은 33위를 차지했다.(금메달 2개, 은메달 1개, 동메달 3개)

종합전적 1위는 개최국인 인구 13억의 중국이 차지했고(금 51개, 은 21개, 동 28개) 2위는 미국, 3위 러시아, 4위 영국, 5위 독일, 6위 호주, 8위는 일본이었다.

한국 선수들은 특히 미국, 일본이 국기로 여기는 야구에서 9전 9승으로 금메달을 차지하는 신화를 남겼다.

한국 선수들은 또 태권도, 유도, 역도, 사격, 수영, 배드민턴,

남녀양궁단체전을 휩쓸었다. 양궁 단체전에서 박경모, 이창환, 임동현 조와 박성현, 윤옥희, 주현정 조가 금메달을 획득했다.

활과 인연이 깊은 한국 양궁은 1984년 로스앤젤레스 올림픽에 참여하여 처음으로 금메달을 획득하고, 이후 올림픽 때마다 금메달을 차지하였다.

1988년 서울 올림픽에서는 금메달 3개를 획득하여 남녀 양궁 모두 세계 정상에 우뚝 섰고, 특히 김수녕 선수는 개인, 단체전에서 모두 우승하면서 세계신기록을 수립하며 최초 2관왕이 되고 '양궁여제' 라고 불리었다.

서울올림픽은 1988년 9월 17일부터 10월 2일까지 서울 부리도(浮里島, 잠실)를 중심으로 160개 국가에서 선수 9,417명이 참가했는데, 슬로건은 '세계를 서울로, 서울을 세계로' 였고, 마스코트는 위엄과 용맹의 호돌이였으며, 엠블럼은 삼태극을 바탕으로 인류의 영원한 화합과 행복 속의 전진을 나타냈다.

역사적으로 볼 때 유구한 역사를 가진 우리나라는 1945년 8월 15일 제 2차 세계대전이 끝나면서 일제에서 해방되었으나, 남북으로 분단되고 1950년 6.25전쟁으로 온 세계가 관심을 갖게 되었으며, 4월 민주혁명, 남북 UN동시가입, IMF사태 금모으기 운동 등으로 국제화되었으나, 서울 올림픽으로 10대 세계 경제대국 위에 금메달 12개를 차지하고, 올림픽 4강국이 되어 국위를 세계만방에 떨치게 되었다.

여기에 2002년 5월 31일부터 '동방으로부터' 라는 주제 아래 '환영, 소통, 어울림, 나눔'을 소재로 서울과 동경을 비롯 한·

일 20개 도시에서 치러진 한·일 월드컵축구대회에서 국제축구연맹(FIFA) 40위의 한국이 세계 4강에 올라 한민족 8천만여 명은 물론 전 세계가 놀랐다.

특히 세계가 놀란 것은 77전 77승을 거둔 배달국 치우천황을 원조로 하는 응원단 '붉은악마(Red Devil)'가 붉은 티셔츠를 입고 서울 종로 광화문 거리 등 전국에서 자발적으로 700만 여명이 몰려나와 함께 응원하며 장관을 연출한 것이었다.

서울 올림픽 이후 한국의 양궁 전적을 보면 1992년 바르셀로나 대회에서 금메달 2개, 애틀란타 올림픽에서 금메달 2개, 다음 시드니 올림픽에서 금메달 3개, 2004년 종합전적 9위를 차지한 아테네 올림픽에서 금메달 3개를 획득하여 활로 세계의 정상에 우뚝 섰다.

나철 선생이 찾은 파림 좌기 단군석

이러한 것은 활을 가장 잘 쏜 고주몽을 비롯하여 우리 민족 역사와 무관치 않은 것이다. 한국문화방송 양궁해설위원으로 베이징 올림픽에 참여한 20세기의 신궁 김수녕은 방송 양궁해설을 하면서 우리나라 자주역사와 활의 발달사를 섞어 해설하여 국민들의 열화 같은 칭찬을 받았다.

그 내용을 보자.

"배달국 시대에 동양의 군신이자 평화의 신인 치우천황은 호나무로 큰 화살을 만들어 국방력을 향상시키고, 동두철액을 하고서 황제 헌원 등과의 전쟁에서 77전 77승을 하는 데 활용하였다."

"단군조선 시대에는 박달나무로 만든 단궁(檀弓)이 중심이 되고, 주신(숙신)은 숙신공시(肅愼貢矢)가 나라의 활로 국궁(國弓)이 되었다."

"단군조선을 구성하는 부족국가인 탐라국은 건국할 때(단군기원 4년전, 제주도) 삼성혈에서 나온 고을나(탐라국 시조), 양을나, 부을나 등 삼신인이 벽랑국에서 해류를 따라 내려온 세 신녀를 해안에서 만나고, 혼인지(제주도 온평리)에서 목욕재계한 후 혼인을 한 다음, 모두 화살을 쏘아 그들이 살 지역을 정했는데, 그 활착지인 제주시 1도동, 2도동, 3도동이 그것이다."

"단궁은 예맥국의 맥궁(貊弓)으로 이어지고 고구려 시조 고주몽과 그 부인이자 백제의 전신인 어하라를 세운 소서노는

요녕성 석봉산의 단군조선 고인돌 앞에서(왼쪽이 저자)

모두 활을 잘 쏘았는데, 강하고 모난 각궁(角弓)을 개발하여 기마부대와 함께 승전고를 울리는 데 이용하였다. 고주몽의 활은 다물활이라 하였다."

"그 후에도 한민족은 조의선인이나 동맹, 화랑, 화상, 선인, 선비, 무인이나 싸울아비들이 활쏘기 전통을 면밀히 이어받아 전국 곳곳의 활터에서 활쏘기를 하여 몸에 배게 익혀오고 있는 것이다."

"한민족은 2천년 제국 단군조선, 천하대란의 열국시대를 통일하고자 고주몽이 세운 천년제국 고구려, 박혁거세가 세운 천년제국 신라를 줄기차게 면면히 이어왔다. 이 밖에 세계사에서 천년제국은 오직 로마제국이 있을 뿐이다. 한민족은 또 환인, 환웅, 단검의 3신과 복희씨 등이 확립한 신선도, 신라의 이차돈 성사가 순교할 때 목에서 흰 피를 뿜으면서 자리 잡은 불교가 선불습합으로 민족통일의 혼이 되어 민족을 영속케 하는 토대가 되는 것이다."

앞으로 저자는 우리나라가 인구 1억의 민족대통일국가 고려연방국(?)이 되고, 핵을 보유한 세계 7대 경제대국이 되어, 신유목민족시대에 세계평화문화를 이끄는 '대몽골의 평화' 즉 팍스 몽골리카(PAX MONGOLICA. 일명 PAX UN KOREANA)를 꿈꾸어 본다.

김수녕은 북경올림픽 양궁게임에 대한 한국문화방송 중계해설을 끝내며 역사상 가장 활을 잘 쏜 고주몽 동명성제를 떠올렸다.

제 3장

고주몽의 동부여 탈출

따스한 봄날 달구리하고 먼동이 트기 전, 아무르 강과 완달산이 있는 만주 가섭원 벌판 부여궁성(예성 또는 책성이라고도 함)의 서대문으로 5명의 말탄 청년 기마대가 어둠을 가르면서 남서쪽으로 말발굽을 요란하게 흙먼지를 일으키며 쏜살같이 달려가고 있었다.

앞에 선 백호마를 탄 훤칠한 키에, 얼굴이 준수한 청년은 고주몽이었고, 과하마 등을 탄 4명은 그의 친구이자 부하인 동방 4호걸, 즉 동4호인 오이, 마리, 협부, 부분노였다.

동부여는 본래 북부여에 있었는데, 현재 금와왕의 선왕인 해부루 때 예성에 자리 잡았다. 어느 날 대신 아란불이 해부루 왕에게,

"해모수 천제께서 꿈에 나타나 이르기를 동쪽으로 가 가섭원으로 수도를 옮기라 하셨습니다."

라고 아뢰니, 해부루왕이 이를 받아들이고 큰 나라로 확장하였다.

고주몽은 그림자야 날 살려라하며 불함산(백두산)방향으로 달리면서, 동부여 궁성에 두고 온 어머니 유화(柳花, 동부여 신녀지관)와 아내 금와왕의 딸인 공주 해례(解禮)를 떠올렸다. 유화는 물의 신으로 알려진 압록강 중류 청하(淸河) 중심의 청하백국 족장인 하백 옥두진을 아버지로, 호인을 어머니로 하는 세 딸 중 큰 딸이었다.

분열된 북부여국 중 하나인 고리군왕 즉, 구려국의 왕이었던 고모수왕(해모수의 아들이 고구려후 고진이고, 고진의 아들이 고덕이고, 고덕의 아들이 고모수인바(고모수를 옥저후나 불리지라고 하는데, 이는 땅을 넓게 넓혔다는 뜻), 고모수는 삼화령(청하백 세 딸 이름에서 나옴, 三花嶺, 버들꽃柳花, 원추리꽃萱花, 갈대꽃葦花)으로 사냥을 나갔다가 거기에 놀러 나온 유화의 기품 있고 우아한 모습을 보고 첫눈에 반했다.
유화도 고모수를 사랑해서 결국은 아버지의 반대를 무릅쓰고 혼약을 한다. 이어 그들은 압록강의 지류인 유하강변의 집에서 함께 살게 되고 고주몽을 잉태했다. 그러다가 고모수는 나라의 급한 일로 북옥저국으로 돌아가고, 이어서 홀연히 동방으로의 수만리 여행을 떠나게 된다.
유하강 변에 남겨진 유화는 그 후 서란으로 갔다가 동부여왕 금와가 강변으로 순시 나왔다가 보고 반하여 동부여 궁성으로 데려가 제 2왕후를 삼으면서 제사장의 하나인 지관(地

평양 강동군 대박산 구을 단군릉 앞에서 저자(오른쪽)

官, 지모신, 후에 부여신)을 맡겼다.

유화가 낳은 장자가 고주몽(추모, 중모, 도모라고도 한다.)으로, 천제의 자손이며 물신의 외손자라 하여 유목민족과 농어업민족의 결합을 상징한다. 고주몽 탄생에 천강난생신화가 있다.

고주몽은 동부여 왕실에서, 대소, 대중 등 7명의 금와왕 첫 왕후 자녀들로부터 구박을 받으면서도 비교적 잘 자랐다. 물론 그를 잘 기른 사람은 어머니 유화 왕후였다. 어린 주몽에게 올곧은 심성과 넓은 포용성을 갖고, 역지사지의 정신으로 제왕의 자질을 갖게 했다. 활쏘기, 말타기 등 무예를 익히게 하며 명마를 고르는 법도 가르쳐 백호마를 가질 수 있도록 하였다.

유화 어머니는 또 한소(漢素) 정공(鄭共) 단(丹)이라는 스승을 특별히 맞이하여 하느님 3신을 믿고 3경(천부경과 천훈,

신훈, 천궁훈, 세계훈, 진리훈과 청수탁요〈淸壽濁妖, 맑은 기운은 장수하고 탁기는 요절한다〉 등이 있는 삼일신고, 360일을 언급하는 8리훈이라 하여 성실, 신의, 사랑, 구제, 복락, 불행, 보은, 응답 등을 규정하는 참전계경)을 배우고, 3공(三功 : 심기신공心氣身功, 지감〈止感, 생각을 멈추고 느낌〉, 조식〈調息, 호흡조화, 단전호흡〉, 금촉〈禁觸, 지나친 촉각 등 6각에 빠지는 것을 금함〉)을 수련하는 신선도와 공자, 맹자, 유교의 사서삼경, 노자, 장자, 도교의 도덕경과 장자 등을 배우고, 제반 무술 즉 기마전 기술, 병법, 활쏘기, 창쓰기, 씨름, 택견, 상박 등도 배우고 익혔다.

어느 날 동부여 왕자들이 국중 대회인 영고나 사냥대회를 빌미로 탁월한 주몽을 시기하여 죽이려 한다는 사실을 알게 된 유화왕후는 해례공주(회임중)는 자기가 맡기로 하고, 주몽을 탈출하게 하여 남서쪽으로 가서 새로운 나라를 세워 단군조선을 다물하면서 세상의 평화를 가져오라고 명령하였다.

고주몽 일행이 동부여 궁성을 떠나 불함산을 향해 반쯤 갔을 때, 궁성에서 큰 소란이 벌어졌다.

먼동이 터오고 날이 밝자 왕궁 서대문 경비병이 고주몽 일행이 떠난 것을 대중왕자에게 고하자, 대중은 대소태자와 의논하고 20여명의 기마병으로 급히 추격하게 하였다. 쫓는 대소왕자와 쫓기는 주몽의 충돌이 불가피하게 되었다.

쫓기는 고주몽 일행이 달려가는 만주 벌판에 먼동이 터오자, 좌우의 길가 언덕에 햇빛이 비치기 시작했다.

그 언덕 아래 야산에서는 미끈한 말과 소들이 풀을 뜯기도

하고, 너른 들판에는 보리밭에 보리들이 잘 익어가고, 호박넝쿨이 밭가에 있는 곳엔 오이밭, 인삼밭과 마늘밭이 보이기도 했다.

산야에는 또 나무나 풀 등 온 생명들이 활기를 띠기 시작하여 진달래꽃, 찔레꽃, 개나리꽃, 목련꽃, 철쭉꽃이 천자만홍으로 빛났다.

뻐꾸기와 뜸북새 소리가 나는 가운데, 공중에는 수리개가 푸른 하늘을 훨훨 날아 자유를 만끽하고 있었다. 냇가에 줄줄이 서있는 버드나무들은 부는 바람에 가지들이 춤을 추었다.

주몽 일행이 송화강 기슭에 닿을 무렵, 마리가 투레질하는 말갈기를 두드리며 긴장된 무거운 침묵을 깨려고 목다심하고 지나가는 말로 소리쳤다.

"주몽형, 이렇게 이 세상 끝까지 달려가 보고 싶습니다."

하여 주몽과 동 4호 일행은 크게 하하 웃었다. 그리고 벌쭉벌쭉 벌물을 했다.

고주몽이 건넜던 지금의 만주 혼강(엄리대수)

그 얼마 뒤 고주몽 일행의 뒤쪽 저 멀리서 말 탄 사람들이 질풍같이 달려오면서 고함치는 소리가 들리기 시작했다.

만주 벌판에는 먼지구름이 긴 꼬리를 지으며 하늘로 피어올랐다.

한 떼의 사람들이 야… 우… 야호… 하는가 하면, 산속 이리 떼의 울부짖는 소리, 말떼들의 풀풀 흐흥하는 소리도 들려왔다.

조용하던 벌판이 깨어나고 말떼들의 말발굽 소리가 진동하는 가운데, 주몽은 채찍을 들어 말갈기를 치면서 발로는 백호마 옆구리를 차서 빠른 속도를 내게 했다.

"자 추격이 다가오니 빨리들 달리자." "네"

주몽의 기마부대가 달려가는 데에 따라 소나무, 백양나무, 미루나무 등 산림이 무성한 산등성이들이 부딪치듯 다가왔다 사라지곤 하였다.

풋풋한 초원의 냄새, 대지의 흙먼지 냄새, 땀 냄새, 말 냄새가 신작로에 퍼져갔다.

겨우내 얼어붙었던 거친 대지가 봄처녀를 맞이하는 듯, 먼 산에는 아지랑이가 아른거리기도 했다.

지나가는 길가 저 편에 늘어선 초가집마다 굴뚝에서 아침밥 짓는 연기가 피어오르고, 부엌문들 틈새로는 솔가지 타는 냄새와 밥 짓는 냄새가 구수하게 풍겨 나오는 것 같았다.

주몽 일행이 한참을 가는데 어느덧 부리산 인근 송화강 상류인 엄리대수(혼강) 가에 도달하였다.

그때 "모두 서라!" 하는 고함소리가 가까이서 들려왔다.

대소왕자 일행이 추격하여 손에 잡힐 듯 다가오고 있었던 것이다.

주몽 일행이 달려온 길은 거기서 강에 막혀 나루터로 끝나고 있었다.

그러나 나룻배는 보이지 않고, 건널만한 여울도 보이지 않았다.

쫓기는 자에게 절체절명의 순간이 왔다.

대소 왕자 일행은 발길을 멈추고 강 아래와 위를 살피며 주춤거렸다. 쫓는 자와 쫓기는 자의 거리는 활 한바탕 거리였다. 그 때 대중왕자가 크게 외쳤다.

"활을 준비해 쏴라!"

주몽은 그때 이미 백호마에서 내려 활로 강물을 친후 불함산을 향해 무릎을 꿇고 하느님과 수신에게 기도하고 있었다.

"저 고주몽은 천제 고해모수의 자손이요, 하백신의 외손자입니다. 강을 건너야 하는데 배는 없고, 쫓아오는 병사들이 있으니 어쩌면 좋겠소이까?"

그러자 강 상류로부터 굵고 긴 갈대들과 매부리, 바다거북,

장수거북(크기 2m, 무게 350~750kg) 등과 금빛 잉어들이 몰려와 커다란 부교 같은 갈대배를 만들었다. 현무(玄武)배 즉 거북 배였다. 서둘러서 그 배를 타고 주몽 일행은 강을 무사히 건넜다. 천우신조였다. 강을 건너기 전 대소 일행은 화살을 비가 오듯 쐈으나, 5명의 호걸은 이를 무사히 막아냈다. 강을 건너면서 신궁인 주몽은 화살을 다물활에 매겨 대중 왕자를 겨냥하고 활시위를 당겼다. 활을 목에 맞은 대중 왕자는 말에서 떨어져 땅에 뒹굴었다. 대소 왕자 일행은 대중 왕자를 수습하고 탄식하며 동부여 왕성 쪽으로 멀어져 갔다.

모든 세상이 사라질듯 하다가 살아나니, 주몽 일행은 꿈을 꾼 것만 같았다. 그 때 하늘에서 꽃비가 내렸다. 일반적으로 강에서 보는 육지거북은 크지 않으나, 바다거북 중에는 굉장히 큰 것이 많다고 한다. 제일 큰 것이 바다장수거북이며, 푸른바다거북, 붉은바다거북 중에도 상당히 큰 것이 존재한다. 매부리 바다거북도 전 세계 대양에 퍼져있다고 한다. 매부리 바다거북은 평균 몸길이가 1m, 몸무게가 80kg~150kg인데, 몸은 납작하고 헤엄치기에 알맞게 2개의 갈퀴가 달려있는 앞발을 지니고 있으며, 머리끝에 뾰족한 부리가 있어 매부리란 말이 붙었다고도 한다. 대모(玳瑁) 매부리 바다거북은 해파리나 해면동물을 먹이로 하는데, 실리콘질 먹이를 좋아하여 산호초, 연체동물, 맹글로브 등도 잘 먹는다고 한다.

매부리 바다거북은 바다를 떠나 때때로 육지에서 먹이를 찾으며, 번식기에는 고립지에서 짝짓기를 위하여 석호나 산호초섬, 실리콘질의 먹이가 있는 육지의 강으로 올라오기도 한다.

오오츠크 해변, 제주 중문단지에서는 종종 그런 일이 벌어진다고 한다.

주몽 일행의 엄리대수 도강사건을 계기로 태양의 공전을 다루는 황도대에서는 물고기자리를 '쌍어궁자리'라 하여 금빛 잉어가 서로 마주보는 쌍어문(雙魚紋)이 유행하기 시작했는데, 이는 고구려, 백제, 가야, 일본구주, 인도 아요디아, 태국 아율타야, 중국 안악지역과 키르키스탄, 불가리아, 헝가리 등지에서도 이와 같은 쌍어문이 나타났다고 한다.

고주몽 일행이 뜻을 품고 불함산을 향해 갈 때가 세계사적으로는 중국 전한제국이 몰락하고 왕망의 신제국 건국을 앞두고 있던 시기였고, 인도에서는 마우리아 왕조(전륜성왕, 아쇼카왕 등)가 지나고 아요디야를 공격한 쿠샨왕조가 들어서면서 간다라 문화가 번창했던 때였으며, 유럽, 중동지역에서는 세계를 세 번 지배한 로마제국이 힘을 자랑하고, 예수 그리스도의 부모인 요셉과 마리아가 탄생하기 전후였다.

동북아에서는 전 세계에 유례가 없는 2천년 제국 단군조선이 붕괴되어 천하가 어지러워지고 열국시대로 가면서, 한민족의 평화통일로 다물이 절실하게 요청되었던 시기였다.

현재 우리나라도 한민족의 대통일이라는 다물이 절실하게 요청되는데 가장 장애가 되는 것은 우리나라 강단사학이 사대식민사학에 지배받고 있는 것이다.

여기 자주사학 확립에 큰 기여를 한 것이 환단고기, 규원사화 등 사료적 가치가 있는 책들이다. 특히 환단고기는 우리나라 고대사를 자주사로 바로잡아 복원하는데 결정적 역할을 했다. 강단의 사대식민사학자들은 그 책에 대한 연구도 하지 않고 무조건 위서로 모는 경향이 있다. 환단고기는 근대에 계연수 선생이 펴냈지만, 본래는 옛부터 전해지는 사료들을 고려시대 이암(고성이씨)이 펴냈고 어려운 여건 속에서도 이암의 후손인 이맥, 이기, 이유립 선생 등이 지켜온 공이 다대하다 할 것이다.

저자는 반만년 대륙민족의 영광사 '하나되는 한국사'와 '신명나는 한국사'에서 23가지 근거를 제시하여 환단고기가 사료적 가치가 있음을 증명했는데, 우리나라 역사를 2천년반도의 굴종사로 만든 사대식민 사학자들은 꿀먹은 벙어리처럼 말이 없다. 저자가 제시한 23가지 근거중 중요한 것을 들면, ① 단군조선 13세 흘달단군 50년 7월 13일 일몰 직후 5성취루(五星聚樓)라하여 5개의 별이 일렬로 서는 장관을 연출했는데, 이를 서울대 천문학과 박창범 교수 등이 천문학적 방법으로 입증한 것 ② 강화도 마니산 참성단 건축(왕검단군) ③ 평양 강동군 대박산 단군릉 발굴(구을단군) ④ 발해연안문명 우하량 유적지에서 환웅과 곰토템을 연결시키는 곰녀 발굴 ⑤ 고인돌 유적 ⑥ 비파형 동검 유적 ⑦ 단군조선 때 중국 요임금 이후 하·은·주를 비롯하여 몽골·일본·인도·터키·탐모라 등과 맺은 외교관계가 다른 나라 사서와 일치한 것 등이다.

제 4장

불함산(不咸山) 천제

엄리대수를 건너서 한참을 달린 후 주몽의 기마대는 성황당이 있는 한 고개 마루에서 사람과 말이 한참을 쉬어가기로 하였다.

"주몽형 한바탕 푹 쉬어 갑시다." 마리가 말했다.

주몽은 머리를 끄덕였다. 친구들이 기뻐하는 걸 보니 주몽의 마음도 기뻤다.

오이, 마리, 협부, 부분노는 주몽의 얼굴에 띤 웃음을 보며 스르륵 잠이 들었다.

주몽도 잠을 청했으나 잠이 잘 오지 않았다. 주몽은 뒤두다가 마음대로 퍼져가는 벗들의 얼굴을 내려다보았다. 얼마나 듬직한 모습들인가.

부모도, 사랑하는 여인도, 출세도 다 버리고, 오로지 큰 뜻을 따라 함께 나선 것이 아니던가! 응달에서 한참을 실컷 쉬고 난 후, 그들은 보술수가에 있는 모둔고을(毛屯谷)에 위치한 재사의 장원으로 향하여 발길을 움직이기 시작했다.

재사는 흔히 삼베옷(마의)을 입었는데, 늘 장삼을 입는 무골과 늘 수초옷을 입고 의약을 탐구하는 묵거와 함께 졸본부여 지역의 세 현인 즉 서삼현(西三賢)으로 불리었다. 이들은 모두 촌장이었다.

마의촌장 극재사(再思-생각을 신중히 함)는 명리학에 밝고 백성들에게 길흉을 점쳐주며, 농사와 누에치기를 권하여 은혜를 베푸니, 촌민들이 신처럼 받들었고, 납의촌 중심의 무골은 호기롭고 용맹해 무예가 월등했으며, 수조촌 소실 묵거는 의약에 뛰어나 질병을 고쳐주고 배를 만들어 홍수에 대비해 덕망이 높았다.

특히 재사는 순노부 족장이자 졸본부여의 국상이며, 수많은 장원의 영주이자 거상인 '연타발'의 양자였다.

주몽은 거상인 연타발과 재사를 동부여 왕성에서 양곡과 소금, 인삼 등 약재를 판매하러 왔을 때, 어머니 유화부인과 이모인 훤화, 위화와 함께 만나서 거래를 한 적이 있는 등 아는 사이였다.

연타발은 슬하에 소서노 등 세 딸이 있었으며, 졸본부여의 왕 고무서가 몸이 편치 않아 국정을 떠맡다시피 하고 있었다.

일찍이 연타발은 본래 도량이 크고, 이재에 밝아 널리 당대 생산력의 기초인 농업과 광역 상거래를 통해 당대 제일의 거부가 되었다.

그리하여 졸본부여는 물론 동부여, 구려국, 흉노, 전한과 개마국, 행인국, 허황국 등을 왕래하였다.

백두산 천지에서 한라산 백록담 흙과 합토제를 올리는 한국교수불자연합 회원들(회장·저자)

그리하여 모둔 고을의 재사처럼 양아들을 두어 동북아지역 곳곳에 귀족영지로서 장원에 5곡 등 농산물과 소금, 물고기 등의 수산물을 경작 취득하게 하고, 남고 모자라는 바에 따라 기마상단과 해상선단 등을 이용하여 나라를 움직일만한 거부가 되었다.

장원이 있는 지역은 요하 서편의 요서지역, 허황국, 장산군도 대동강 유역의 평양 양맥국, 재령강 유역의 대방, 황하 하류 삼각주와 태산의 동편인 산동지역, 양자강 하류의 오월지역, 그리고 더 남쪽으로 가서 메콩강 유역의 인도지나 반도까지 뻗쳤다.

장원(莊園)은 봉건적 토지소유 형태인데, 봉건제 아래서는 농업생산이 생산력의 기초이기 때문에 부는 주로 토지소유 형태를 취한다.

토지소유는 연타발처럼 귀족영주의 독점적 특권이며, 직접 농업생산자인 농노는 여기서 배제된다. 농민은 땅을 경작하되,

영주에 대하여 지대를 부담하지만, 그 형태는 노동지대, 생산물지대, 화폐지대로 진화한다.

장원은 흔히 영주직영지, 농민보유지 및 공동지로 구성되는데, 직영지는 영주의 저택과 직영농장으로 나뉜다. 봉건제 토지소유제 아래서는 다른 산업은 이와 결합하여 불가결하게 수공업으로 공동체적 구성을 하여 운영된다. 목초지와 방목지도 이와 더불어 공동체적으로 운영된다.

모둔고을 서쪽으로 해가 뉘엿뉘엿 넘어갈 때, 주몽 일행은 재사의 장원에 도착하였다. 재사는 일행을 반갑게 맞이하면서 "왕자님 어서들 오십시오. 재사입니다." 라고 하였다.

이에 주몽은, 말에서 내려서면서 "고맙습니다."라고 하고, 같이 말에서 내리는 동사호를 각각 소개하였다.

각기 "반갑습니다."라고 하면서,

"오이입니다." "마리입니다." "협부입니다." "부분노입니다." 라고 수인사를 하면서 맞장구를 쳤다.

빙긋이 웃으면서 재사는 일꾼들에게 말먹일 풀을 준비하라고 이르고 말들을 마굿간으로 가게 했다. 주몽 일행은 큰 기와집 큰 사랑방으로 안내받았다. 그리고 심부름꾼을 보내 무골과 묵거를 오게 하였다.

주몽 일행과 재사가 흰 쌀밥에 미역국, 김치, 명태, 된장 등 반찬을 맛있게 먹고 난 후 숭늉과 배, 대추 등 과일을 후식으로 먹을 때쯤, 무골과 묵거가 도착하였다. 이들은 주몽 일행과 각각 수인사를 나누고, 상좌의 주몽을 중심으로 탁자를 둘러

싸고 쭉 앉았다. 감초주를 마시면서 이들은 주몽 일행이 지나온 일을 비롯하여, 3현이 걸어온 길과 최근의 순노부 졸본부여, 구려국 등 세상 돌아가는 이야기와 연타발 장자 등에 관한 얘기도 나눴다. 이들은 피곤함도 잊고, 밤이 가는 줄도 모르게 이야기꽃을 피웠다.

　이들 주몽, 동 4호, 서 3현 등 8인은 함께 수일간 장원을 살펴보고, 모둔곡을 돌면서 보술수가를 말타기도 하고 앞으로의 나랏일을 의논하면서 맏형 주몽을 중심으로 8인의 의형제 결의를 하기로 하고, 좋은날을 잡아 영응산(靈應山)이라고도 하며, 태백산, 도태산(徒太山), 장백산이라고도 하는 민족의 영산 불함산(백두산)에서 하늘에 알리는 천제(天祭)를 불함산 천지(天池) 제일 높은 봉우리인 장군봉에서 지내기로 하였다.

　불함산에는 4500년 전 유적으로 약 50만평 규모의 칠성제단

광개토대제를 기리는 깃발. 교불련 김상균 교수와 정경연 교수(백두산 천지에서)

이 발견되기도 하였다.

주몽 등 8명의 의형제는 4월 8일 천제를 지낼 제수 등 준비물과 고천문(告天文, 하늘에 알리는 글)을 마련하여 모두 말을 타고 불함산을 향하여 달렸다. 압록강은 끊임없이 흐르고 있었다.

불함산을 올라가는 길은 세 군데가 있었는데, 그 하나인 장백폭포 쪽으로 달려갔다. 오르는 길은 상당히 가파랐으며 소나무 등 상록수는 늘 푸르렀지만, 자작나무 숲이 우거져 백색의 흙과 어우러져 백산의 모습을 북돋았다.

산 정상으로 갈수록 풀과 꽃은 크기가 작았으며, 먼 산 음달에는 아직도 눈이 쌓여 있는 것이 보였다. 천지에는 은빛햇살이 눈부시게 부서지고 있었다.

이들은 장군봉 앞에 이르러 은물결이 넘실대는 그윽한 천지를 내려다보며, 북극성과 북두칠성을 향하여 천제단을 마련하였다.

맨 앞에는 천부경이 새겨진 거울을 세웠고, 그 좌우에 칼과 북을 비치하였다.

돗자리를 넓게 깔고, 제상을 차렸는데, 앞에는 큰 시루떡과 쌀밥, 무국, 명태 등의 어물과 산적 등의 고기, 그리고 배, 사과, 곶감, 밤, 대추 등의 과일을 비치했다.

천제상 바로 앞바닥에는 향합과 향을 준비하여 향을 사를 준비를 하고, 술은 동동주를 대비하였다.

먼저 살피건데 천부경은 하늘에 부합한 경전으로 우주만물의 생멸변화와 천지인합일로 홍익인간 광화세계 형성에 관한 수리철학이다. 환단고기에 따르면 환국시대 환인천제로부터 전해오던 것을 신지녹도문으로 처음 문자화됐고 환웅천왕의 염표문으로, 왕검단군의 개국이념인 신선도 핵심이 된 바있다. 그 내용은 '하나 둘 셋 넷 다섯 여섯 일곱 여덟 아홉 열'의 열여섯자이다.

신라말 유불선을 합친 풍류도의 대가 고운 최치원 선생이 '일시무시일···본심본태양···일종무종일'의 시첩으로 고쳐 81자로 난랑비 서문에 적었다. 핵심은 한생명 상생의 불이(不二)인 하나가 마음이고, 태양이라는 것이다.

우리나라 신선 도맥은 한생명의 천부경에 이어 환웅 천황의 염표문과 배달국 태호 복희씨 하도(河圖)의 상생으로 발전되어 왕검단군이 홍익선가를 이루었고, 지나의 하 나라 우왕이 큰 홍수로 큰 난리를 겪자 왕검단군께서 부루 태자를 우왕에게 보내 5행·5사·8정 등 홍범구주(대법9조)를 배우게 한바, 우왕이 또 낙서(洛書)를 얻어 상생·상극 변화의 원리를 보완하게 된 것이다.

불함산 천제는 향을 사르고 북을 33천에 알리는 뜻으로 33번 크게 쳐서 세상에 천제를 알리었고, 삼신을 불러 모시는 초신하고, 술잔을 8명의 의형제가 차례로 올리었으며, 곧이어 하늘에 3배를 하였다. 주몽이 고천문을 크게 낭독했으며, 천부경은 모두 함께 외웠다.

이어 하늘에 3배를 하고 밥과 국을 올리며 3배를 하고, 이어 밥과 국을 물리며 또 3배를 하였다.

끝에 삼신을 보내는 송신을 하고, 북을 33번 울려서 하늘에 고하였으며 이어 8명 의형제가 음복을 하였다.

8명 의형제의 맏형은 주몽으로 하고, 7인은 나이 순서에 따라 순위가 정해졌다. 오이, 마리, 무골, 협부, 부분노, 묵거, 재사의 순서이며, 고주몽이 낭독한 고천문은 다음과 같다.

'삼가 저희 8 의형제는 하늘에 고하나이다.

요즈음 세상 돌아가는 것을 보니, 2천년 제국 단군조선이 쇠망하면서 민심이 흩어지고, 군웅이 할거하고, 대부여를 이은 북부여도 갈라서서 국태민안을 기할 수 없는 지경입니다.

우선 동부여, 졸본부여, 북부여를 내세운 구려국 등 북부여에서 갈라져 나온 부여제국을 다물하여 합치고, 이어서 환족, 배달족, 동이족, 예맥족은 물론 훈족, 숙신족, 오환족, 선비족, 돌궐족, 말갈족 등 제 종족을 통일하고 다물하여 첫 민족국가 단군조선과 같은 무위자연의 환한 통일국가를 형성할 때가 되었습니다.

이에 우리 8 의형제는 청수탁요의 맑은 기운을 채워 나가면서 한마음, 한 뜻으로 삼신과 선조들께서 이어온 천부경 등의 신선도와 홍익선가(弘益仙家)를 바탕으로 환웅천황의 염표문을 이어받아 홍익인간 광화세계를 이념으로 하는 광명족의 환한나라를 세우기로 결의형제하고 하늘에 고하게 되었습니다.

우리들은 천시, 지리와 함께 인화를 바탕으로 올바른 국태민안과 부국강병의 나라, 고구려 대제국을 이루겠으니, 천지간의 제신과 조상님들께서는 줄기차게 음우하소서.

 끝으로 천부경을 함께 낭독하겠습니다.

〈천부경(天符經)〉

하나에서 시작하되, 시작하나는 없으며

하나는 세극으로 나뉘나, 근본은 다함이 없느니라.

하늘 하나는 첫째, 땅 하나는 둘째, 사람 하나는 셋째인데,

하나가 쌓여서 큰 열이 되고, 짜인 틀이 없이 셋이 되느니라.

하늘 둘째는 셋, 땅 둘째도 셋, 사람 둘째도 셋이 되느니라.

큰 셋이 합쳐서 여섯이 되고, 일곱, 여덟, 아홉이 생기느니라.

셋을 네 번째 운용하니, 고리가 되고,

다섯, 일곱행(陰陽五行)이 되느니라.

하나가 기묘하게 퍼져서, 만가지가 가고 오나니,

쓰임은 변하나, 근본은 변하지 않느니라.

본래 마음은 본래 태양과 같으며,

사람가운데 광명을 올려 천지가 하나가 되니, (太一, 大仙)

하나로 끝나되, 하나로 끝남은 없느니라.

一始無始 一折三極 無盡本

天一一 地一二 人一三

一積十鉅 無櫃化三

天二三 地二三 人二三

大三合六 生七八九 運三四成環五七

一妙衍 萬往萬來 用變不動本

本心本太陽 昂明人中 天地一

一終無終一.

| 제 5장 |
만 남

　사람의 사회생활은 만남에서 시작하고 떠남에서 끝난다. 사람은 만남이 중요하다. 부모자식간, 부부간, 형제간, 친구사이, 사제간, 선후배간, 조직에서의 상하좌우 관계가 모두 그렇다. 선남선녀의 만남은 흔히 이루어지지만, 드물게 역사적인 만남도 있다.

　고주몽과 소서노의 만남이 그렇다.

　주몽이 3년 전 해례공주와 동부여 동남방의 갈사국을 찾아서 갈사군왕 가숙(加菽)공과 그 부인 훤화(주몽의 이모로, 주몽을 키운 분)를 만나니 이들은 주몽 내외를 환대하고, 말갈을 막을 방책을 논의한 바 있다.

　불함산 천제를 지내고 재사의 장원으로 8 의형제가 돌아온 며칠 후, 귀한 손님들이 재사의 장원으로 찾아왔다. 그들은 갈사후 가숙공과 훤화, 주몽의 사부인 한소, 정공, 단공 등이었다.

재사와 주몽 그리고 6명의 의형제는 윗분들을 맞이하여 큰 절을 하고, 담소를 나누었다. 재사는 불함산의 천제 전에 순노 부왕인 양아버지 연타발과 소서노 누나를 만나, 주몽을 중심으로 8명이 의형제를 맺기로 했음과 주몽의 인물됨과 포부 등에 자세한 얘기를 나눴다.

소서노의 모친은 을류인데 서쪽향해 부르는 봉황새 꿈을 꾸고 낳았으므로 소서노라 했고, 어려서부터 단정하고, 깔끔하며, 지혜있고, 정치에 관심이 많았다.

이 때 연타발은 병이 깊게 들어 한숨을 쉬면서 큰딸 관패는 잘 살아 마음이 놓이는데(비류왕 송양왕후), 우대와 결혼했다가 혼자가 된 둘째 딸 소서노를 걱정하면서, 주몽과 짝을 맺었으면 좋겠다고 재사에게 얘기했다. 그러면서 연타발은 정사를 대신 맡고 있는 소서노에게 북으로 비류국과 서쪽으로 황룡국을 평정하도록 말하고, 재사에게 적극 도와주라고 했다. 재사는 요즈음 자주 일어나는 북말갈의 침략에 대한 대책을 건의했다.

다음날 훤화와 주몽은 큰 당나귀인 거루를 타고 연타발이 있는 환인성으로 재사의 안내로 가서 연타발과 을유왕후, 소서노 오빠 을음 그리고 소서노를 만나 수인사를 하고 인삼차를 마시면서 화기애애한 가운데 길게 환담을 나누고, 뒤에 주몽과 소서노는 밖으로 나와 호젓한 숲길을 거닐면서 흔쾌히 담소하였다.

소서노는 주몽의 인물과 포부를 듣고 반했고, 주몽은 소서노

의 키가 크고, 눈썹
미와 귀썹미가 있
고, 미끈하게 빠진
우아한 여장부인
것이 마음에 들었
다. 주몽과 소서노
는 물고기가 물을
만난 듯, 구름이 비
를 내리듯 화끈하
게 정담을 나누었
고, 갈기갈기 찢어
진 북부여를 다물
하겠다는 큰 뜻도
서로 확인하였다.

만주 국내성 인근의 국동대혈

주몽의 진영 안살림은 이모 훤화가 맡기로 했다. 그리고 옛 친척들도 찾아보고 연회를 베풀었다.

한편 주몽은 재사의 장원으로 돌아와 제 스승과 7 의형제를 만나 회의를 하고, 우선 북말갈이 모둔골을 침투하고 있으니 병력 양성에 나서기로 하였다.

주몽은 우선 모둔골 3현의 장원을 모두 연결, 통합하여 다물군 진영으로 삼고, 모병을 하기로 하였다. 군부대는 육군과 수군을 두되, 육군은 기마부대와 보병부대를 따로 두기로 하였다. 우선 궁수 30인과 창수 50인을 선발하고, 자원병력을 합쳐 군사 300인이 곧 집결되었다.

모둔골의 숲과 나무를 베어내어 한소의 지휘로 수레와 배를 만들고 4호가 병사들을 훈련하고 3현이 백성들을 진무하였더니, 인근의 토호들이 풍문을 듣고 귀의하였으며, 순노부왕 연타발은 양곡 천석을 보내왔다.

다물군 대장 주몽은 의형제들과 경내를 순시하며 백성들을 위무하고, 생업에 힘쓰게 하며, 적들이 침투할만한 길목에는 관문을 설치하여 파수꾼을 두게 하고, 피륙장인들을 불러 모아 대대적으로 군복을 만들며 소와 양을 잘 기르게 하고, 보도는 금을 주어 사들이며, 정공으로 하여금 큰 제철소 대장간을 차려, 창, 검, 활을 만들게 하고 마리는 마굿간을 넓게 짓고 말들을 모아 단련시키게 하였다.

서기전 40년, 가을에 말갈이 순노땅 모둔으로 침입하자 오이가 대파하고, 말갈이 구여향을 침입하자, 마리가 대파하였더니, 말갈은 또 비류국(북), 낙랑(남), 졸본 등으로 침입하여 백성들을 불안하게 하였다.

9월에 말갈이 산속 여러 굴에 숨어 있는 것을 알아내 입구에서 불을 지르고 들이쳤는데, 말갈인들이 비명을 지르고 나오자, 수다, 몽칠, 백미 등이 적장과 금사자 등을 모조리 베어버렸다.

말갈추장 적득아가 말타고 싸움을 지휘하매 오이가 말타고 싸웠으나, 승패가 나지 않자 고주몽 대장이 활을 쏘아서 추장을 떨어뜨리자, 오이가 그의 머리를 베었다. 수많은 말갈군들은 추장의 머리를 보자 모두 달아나기 시작했는데, 부분노 등이 활과 노를 쏘아 물에 빠져 죽게 했고 한소가 수군을 이끌고 강수 어귀에서 물속으로 도주한 이들을 잡아 적병 만여 명

2000년6월15일 개최된 역사적인 남북정상회담(김대중 대통령과 김정일 국방위원장)

을 죽였다.

이때 다물군은 모두 300인이었다. 궁수 100, 수군 100, 검수 50, 화수(火手) 50인이었다. 일당백이었다.

그때 산 숲에서 '뻐꾹' 하는 소리가 들렸다.

주몽대장은 "저것이 무슨 소리인가?"라고 물으니, 포곡조(布穀鳥)라고 하였다.

그 때 한소가 말했다.

"9월에 어찌 곡식 씨앗을 뿌리겠습니까? 이것은 복국조(復國鳥)이옵니다. 복국! 복국! 대장님께서 복국하실 것을 선언하고 있는 것이니, 천심이 민심인데, 천심을 새들도 아는지라. 필경 나라를 되찾으실 것입니다."

〈오빠생각〉 최순애 작사, 박태준 작곡

뻐꾹 뻐꾹 뻐꾹새 숲에서 울고
뜸북 뜸북 뜸북새 논에서 울제
우리오빠 말타고 서울가시면
비단구두 사가지고 오신다더니

기럭기럭 기러기 북에서 오고
귀뚤귀뚤 귀뚜라미 슬피울건만
서울가신 오빠는 소식도 없고
나뭇잎만 우수수 떨어집니다.
(최순애와 이원수의 순애보에 관한 노래)

　한편, 순노부왕이자 졸본부여의 왕 고무서를 대신하여 정사
를 돌보던 졸본부여 국상 연타발은 딸밖에 없는 고무서왕도
건강이 너무 좋지 않고, 국상인 자신도 병이 깊어 소서노가
정사를 맡고 있어서 천하대란기에 생각을 많이 할 수밖에 없
었다.

　그리하여 연타발은 소서노 오빠인 을음(乙音)과 양아들 재
사를 은밀히 불러 논의했다. 결국에는 고무서왕과 연타발의
사후대책으로 고주몽과 소서노가 혼인하고, 고무서왕의 월군
공주도 고주몽과 혼인하여 새나라를 이루는 것이었다.

　그 결과 재사는 고주몽 대장과 훤화 이모와 함께 고무서왕
이 머무르고 있는 졸본부여 동성인 상춘으로 가서, 고무서왕

과 왕후 그리고 월군공주를 알현하고, 다물군 대장 주몽의 포부를 설명했으며, 지금 백성들이 모여들고 말갈족의 침입을 막아낸 사실도 고했다. 분위기는 훈훈했다.

졸본부여는 두 개의 왕성이 있었는데, 서성은 요하 하류 창려지방에 있었으며, 북경을 지나 하남성, 하북성과 섬서성까지 지배하였다.

지금도 동성인 상춘에는 주몽이 고구려를 세운 후 한때 궁성으로 사용하여 주가성자(朱家城子)라는 거리가 있다.

그런데 졸본부여의 왕위는 해모수, 모수리 고해사, 고우루의 북부여 왕통에다가 실력으로 졸본부여를 세운 고두막한에 이어 고무서가 집권한 것이었다. 전부 합쳐 6대였다. 그런데 광개토대왕비를 보면, 광개토대제가 개국부터 17대라고 하였고 (고주몽으로부터는 18대 중간에 차대왕은 폐주론 있음) 구려국(요하인 구려하에 있는 고이군왕, 고리군왕, 고구려후)의 고해모수 → 고진 → 고덕 → 고모수왕(소해모수, 옥저후 불리지, 고주몽 부친)을 정통으로 보고 있다.

그런데 고두막한은 한무제 유철이 위만조선의 우거왕이 평나를 점령하려하자, 우거를 멸하고 한나라 군현을 설치하려고 하자, 의병을 일으켜 한나라 침략군을 연파하였다. (기원전 108년)

고두막한이 '나는 천제의 아들이어서 이곳에 도읍하고자 하니, 사람을 시켜 고우루왕과 해부루왕까지 이곳을 피하라'라고 하니, 고우루왕은 걱정하다 병이 나서 붕어하고, 해부루는 가섭원으로 옮기고 동부여라 하였다.

고두막한은 한무제가 설치한 군현으로 요서지역 진번은 곧 낙랑에 흡수되고, 요동지역 임둔은 일찍이 현토에 흡수되었는데(기원전 82년), 현토를 격멸한 것이 고두막한이고, 낙랑은 고구려 미천왕이 토멸하였다. (서기 313년)

주몽 대장은 사부 단공과 협부의 군막 안에서 전략전술을 짜면서, 해가 가기 전에 각 지위 장수와 군병들을 보내 천하 대란 평정에 나섰다.

오이가 갈해를 진압하고 마리가 청해를, 한소가 한빈을, 부분노가 하남을, 재사가 엄표(유하변)를 진압하였으며, 무골이 모든 지역을 평정하고, 묵거가 양하를 진압했으며 오건이 무여를 진압하였다.

새해 임오년(기원전 39년)이 밝아오자, 다물군 대장 주몽은 다물군의 직책을 명하여 전투와 새나라 건설의 기초를 닦기 시작했다.

태사에 한소, 좌대장 오이, 우대장 마리, 협부, 대주부 대사마에 부분노를 임명하고 금척과 수장을 하사하였다. 말갈의 남은 무리 고두 등이 북옥저에 도움을 청하여 기병 3천으로 호구원에 진을 치고, 시길과 함께 난리를 일으키매, 한소와 부분노로 수군과 육군을 거느리고 진격하게 하여서 그들을 대파했다. 기병, 보병, 수군 합쳐서 3천여 명이었다.

2월 행인국왕 해준(고모수왕의 장자)이 죽고 그의 아들 문이 보위에 오르니, 재사를 보내어 조문하셨다.

개마국왕 칠공이 사신을 보내와 왕위에 오르시기를 청했으나 덕이 부족하다고 하며 고사하였다.

3월, 오건을 순노왕, 오명을 비여후, 오춘을 청하백으로 삼고, 각각 금인과 옥장을 하사하였다.

낙랑국왕 시길과 나라의 경계를 정했다.

소서노가 딸 아이를 낳았다. 대아(大阿)와 소아(小阿)라 했다.

여름에 북옥저(요동지역 남옥저가 두만강 우수리강 북쪽으로 옮김) 땅의 말갈 2천기가 강을 건너, 적득아 고두의 원수를 갚겠다고 쳐들어오자, 하남에서 부분노에게 명하여 노수들을 매복하고 있다가 쓰게 하여 모두 수중에 떨어졌으며, 주몽은 또 한소, 마리와 더불어 남은 군대를 쳐서 대파하였다.

오이 동생 오간과 부분노 동생 부위염, 부어구 등이 책성에서 와 유화왕후와 해례공주, 아들 유리왕자의 소식을 전했다.

연타발은 주몽의 위세가 내외를 들썩임을 보고 재사를 불러 얘기했다.

"말갈이 남침한 이래 병란이 그치지 않고, 과인도 큰 상처를 입어 약과 침, 뜸이 듣지 않으니, 단지 걱정은 딸 소서노인데, 좋은 남자를 얻어주고서 나라도 넘겨주었으면 했는데, 동방에서 성인(주몽)이 오셨으니 어쩌면 되겠는가?"

재사가 대답했다.

"아버님께서 고주몽 대장과 소서노 누님을 인연 맺으려면,

후한 폐백으로 예의를 차리시고, 지성으로 간청하시지요."

그 후 연타발은 마침내 구도(仇都)로 하여금 소와 말 천필, 호피 백장, 보검 열자루, 황금 백 자루를 받들고 주몽을 찾아가서 서로 응락하여 혼인하길 청하였다.

고주몽 장군이 구도를 맞이하면서,

"하늘이 졸본을 내게 주심이니, 나머지는 걱정할 것이 없겠구나."

라 하면서 치례하였다.

이어서, "연타발 대왕께서 공주를 허락하시면서 이렇게 후한 예물을 보내심이 성대하니, 내 마음은 이제부터 두 나라를 하나로 통합하여 대왕께서 저를 아들(사위)로 하시는 은덕을 보필할 것이고, 그대는 나의 은인이요."라 하였다.

또 구도의 손을 잡고 감초주, 인삼주, 감주 등 술상을 거하게 차려 대접했으나, 구도는 "소서노 공주께서 저에게 명하시기를 술에 취해 부황(夫皇)께 예를 잃지 말라 하셨으니, 오늘만큼은 술을 사양하겠습니다."라 하였다.

주몽 장군은 이를 허락하고 그를 돌려보냈다.

주몽 장군은 수일이 지나서 답방을 위해 한소로 하여금 비단, 능과, 색견, 색사, 금화, 옥패 등을 사들여 예물로 하고, 재사와 함께 마리, 협부로 하여금 보빙사를 삼아 졸본환인성에 가게 했다.

소서노 공주는 어머니 유씨와 함께 친히 맞이하며 소매를 추스르고 술과 음식으로 환대하고 "장군께 저는 합환하는 날만 기다리겠다고 전해주시오"라 하고 얼굴을 붉혔다.

연타발 순노부왕후 유씨는 소서노와 의논하고 재사에게 연락하여 주몽 장군과 병으로 오늘내일 하는 재위 2년의 졸본부여 고무서왕의 딸인 월군공주와의 혼인을 서둘러 치르게 하였다.

그해 7월 보름날, 고주몽과 소서노가 혼인을 했다. 주몽은 목욕재계하고, 오이, 길사와 함께 거루를 타고 곤연에서 수신인 현무신에게 제사하고 졸본천에 다달아 토양이 비옥하고 산하가 수려함을 보고,

"내 처의 나라가 과연 이랬던가!"라 하며 기뻐하였다.

그 때 맞은편에서 젊은 소서노 공주가 자주색 옷을 입고 흰말을 타고 종자들을 이끌며 산길을 오다가 서로 마주쳤다.

주몽은 "내 처가 오는구나. 하늘이 내게 주셨음이야!"라 하면서,

이윽고 말위의 공주를 거루 위로 옮기어 함께 타고 즐거워했다.

공주는 주몽 대장의 늠름한 풍채를 보고 마음이 취하여 헤어 나오지 못하고, 주몽의 품에서 제비가 부리로 향내를 풍기고, 꾀꼬리 언덕에서 참새가 뛰노는 모양새였다.

이들은 드디어 졸본동성에 들어가 구름이불을 펼치고 초례를 치렀다.

공주는 4배하면서, "첩은 소국의 정사를 맡아오고 있는데, 수년래 말갈, 낙랑, 비류국(송양왕), 섭라가 싸움 그칠 날이 없

었는데, 나라가 피폐해졌으니, 부황께서는 이를 가련히 여겨 첩은 엉킨 실이나 다스리게 하고, 이 나라 백성들의 임금을 해주세요." 라고 아뢰었다.

주몽 대장은 재삼 겸양하다가 받아들이고, 공주와 더불어 사흘간 연회를 열고, 이틀 밤은 합환하여 운우지정을 나누었다.

연타발이 대단히 기뻐하면서 말하길,

"내가 훌륭한 사위를 얻어 나라를 물려주게 되었으니, 죽어도 여한이 없다."

라고 하고, 순노부와 졸본부여의 체제, 군병과 군마를 주몽에게 귀속시켰다.

주몽 대장은 부위염에게 명하여 관리하고, 정예가 되도록 훈련을 시켰고, 순노와 졸본의 호족 자녀들에게는 친히 기마술, 궁술, 검술을 가르쳤다.

세월은 흘러 계미년(기원전 38)으로 해가 바뀌었다.

주몽 대장은 육군 2천을 한빈에서 훈련하고, 수군 8백을 동가강에서 훈련하였고, 단공에게 명하여 새 도읍 산성을 쌓으라고 지시했다.

5월이 되자 말갈의 설경이 1천여 기를 이끌고 청곡으로 비류국 송양과 함께 쳐들어 왔는데, 마리가 이들을 격파하였다.

7월에 주몽은 소서노와 함께 한남으로 가서 환나국 여임금 계루와 국경을 정하였고, 8월에는 낙랑국왕 시길이 우산을 습격하므로 이를 대파했고, 엄리대수 동쪽 개사수 땅을 취하여 졸본국에 귀속시켰다.

기동의 땅 수장 우진이 찾아와 항복하였고, 그해 9월에는 개

마왕 칠공이 죽고, 연의가 반란을 일으켜 개마왕이 되자 졸본
국과 충돌하게 되었다.

고주몽 대장은 이어 국경 등을 정리하기 위해 졸본부여 서
성이 있는 조양에 기마부대를 이끌고 월군공주와 마리와 함께
다녀왔다.

제 6장

고구려의 건국

세월은 쏜살같이 흘러 갑신년(단기 2296년, 기원전 37년) 새해가 밝자 졸본부여왕 고주몽은 춘정월 갑오일에 천태후 훤화를 모시고, 소서노 천왕후와 그 어머니 유씨, 월군왕후와 함께 대전으로 나아가 군신들의 입조를 받았다. 이어 정공과 마리를 좌우태사로 삼고, 역법을 정하여 날마다 천기를 살펴 날씨를 점치는 관상대를 설치하였다.

고주몽은 이어서 북부여에서 갈라져 나온 구려국왕인 부친 고모수왕(소해모수라고도 함)의 재실이 있는 난하의 옥인사(屋因祠)를 백호마 타고 찾아가 청소하고 재배하였다. 불과 20년전 일인데, 재실은 옥 채찍 하나가 있을 뿐 인상은 쓸쓸하였다.

고주몽의 누님 호릉공주가 '옥인'의 소생이어서, 남매가 한밤 내내 고모수왕의 이야기를 나누었다.

2월 연타발이 죽자, 소서노가 나라를 주몽에게 바치니, 동 4호, 서 3현 등이 백관들과 호족들을 이끌고 주몽에게 황제위에 오를 것을 청하였다.

주몽이 덕이 없음을 들어 고사하였으나, 여러 사람이 더욱 거세게 청하자 부득이하게 받아들였다.

국호는 고구려(高句麗)로 하기로 하였다.

국호를 정하는 것은 단공이 한소, 정공, 마리, 협보, 길사 등과 의논한 바,

마리는 "고구리는 가운데 라는 뜻과 높고 큰 혈(穴) 중심인 가우리와 같고, 고구려는 해모수왕의 고향일 뿐만 아니라, 산이 높고 물이 수려한 광명의 나라이며 부여말로 중심땅인 가우리이고 밝은 빛을 받아들인다는 뜻으로 발(麗)을 높이 걸어 올림(高句)이니, 고구려가 좋겠습니다. 그러면 장차 검은 가라말이 홀승하는 상서로운 일이 있을 것입니다."라 하니, 고주몽이 이를 기쁘게 받아들였다.

여러 갈래로 나뉘었던 만주 대평원의 북부여, 동부여, 졸본부여를 통합한 부여대연맹제국이었다.

연호는 동명(東明)이라 하니, 고주몽 동명성제가 된 것이다.(고두막한은 동명왕)

새로 지은 궁궐 이름은 봉명전(鳳鳴殿)이라 하였다. 봉명전에서 명령을 따르는 이들을 신선도에 따라 자의선인, 비의선인, 조의선인이라 하였다.

그리하여 졸본과 순노의 경계인 서성산 환인성에서 즉위하고 외성인 환인성의 비상시와 밤에 머물 내성으로 짓고 있는 오녀산성을 서둘러 완성하기로 했다.

절벽이 높은 오녀산 꼭대기에는 사철 마르지 않게 샘물이

솟는 천지가 있다.

동명성제는 우선 국내성 동쪽 압록강변에 있는 신교, 즉 신선도 신사인 국동대혈로 소서노 왕후와 신하들을 데리고 백호마를 타고 갔다.

우선 하느님과 단군, 조상신인 고등신과 부여신인 해모수신 (나중에 국모신으로 유화신을 추가)에게 건국을 알렸다.

압록강은 길이가 803km로 불함산에서 발원하며, 신당서 고구려전에는 '물빛이 오리머리 색과 같아 압록수(鴨綠水)라 한다.'고 기록되어 있다. 마자수, 염난수, 패수, yalu river 등으로 불린다.

압록강은 고모수왕과 유화의 사랑과 주몽 탄생이라는 역사를 낳았을 뿐만 아니라 한민족의 정신적 고향과 같은 가장 길고 큰 강인데, 많은 문인들이 압록강을 지나며 깊은 시적 정서를 문학 작품으로 나타내곤 했다.

강희맹의 〈과압록강〉을 보면,
'학 나는 들, 저문 산은 푸르러 눈썹같고
압록강 가을물은 쪽빛보다 더 진하네.'
라고 하여 강이 환기하는 서정에 넘친 분위기를 그려내고 있다.

동명성제는 졸본성의 외성인 환인성으로 돌아와 봉명전 앞에 마련된 건국제단과 잔치마당으로 향하였다. 봄이 오는 길목에서 환인성에는 사람들이 밀려들어 사람산, 사람바다를 이루었다.

국조 왕검 단군

　모든 사람들이 환한 웃음과 축제 속에서 상호 인사말과 이야기로 온통 북적북적 분위기가 살아나고 있었다. 그때 '둥' '둥' '둥' 대북소리가 크게 울려 퍼졌다.

　건국 행사가 시작된 것이다.

　대북소리가 울리는 제단 쪽으로 사람들의 눈길이 쏠렸다.

　제단은 박달나무로 높이 3단으로 쌓았는데, 매 단의 네 귀마다 청적황백흑 5색 깃발들이 나부끼고 있었다. 그 때, 붉은 비단 옷을 입고 두 손에 거울과 손북을 든 제사장이 봉황새처럼 너풀너풀 춤추며 제단주위를 세 바퀴 돌았다.

　제사장이 축원의 말을 하고,

　"천제의 자손이요, 하백신의 외손이신 동명성제이시니. 왕검 단군의 거룩한 뜻을 받들어 다물하시게 하느님과 제신은 도우소서."라 하였다.

제사장이 사라지고 오이와 부분노가 앞장서고 사물놀이 패가 따르고 재사, 마리, 협부, 묵거, 무골 등 의형제들이 잇따른데 이어서 백호마를 탄 주몽성제가 금관을 쓰고, 금빛나는 갑옷을 입고 나타났다.

고주몽 성제의 뒤로 훤화천태후, 월군황후, 소서노 황후, 5대 가들이 잇따랐다.

고주몽 성제는 말에서 내려 제단으로 올라갔다.

동명성제는 제단 위에 올라 하늘을 우러르며 하늘에 3배를 올렸다.

"하느님과 3신에게 주몽이 삼가 새나라 고구려의 건국을 사뢰오니, 굽어 보살펴주소서. 온 백성들의 뜻을 모아 단군 성조와 부여의 옛 땅을 되찾고, 한 생명의 빛을 따라 한겨레가 되어 모두 화목한 가운데 복락을 누리게 하옵소서."

주몽은 일어서서 말을 이어갔다.

"5부 대가들과 백성들은 모두 들을지어다. 새 나라의 건국을 알리니 모두 신선도의 심기신공을 실천하고 성실히 생업에 종사하며, 한생명 상생 즉, 보은, 해원, 상생하고 단합하여 부국강병 국태민안의 길을 가기를 바라노라."

큰 북소리가 세 번 울리자 일제히 "고구려 만세!"를 세상이 떠나가도록 외쳐댔다.

고주몽 성제는 이어서,

"정부의 회의체로 제가회의를 두고 중앙왕령 5부(중부: 계루부, 동부:순노부, 서부:연노부, 남부:관노부, 북부:절노부)로 나누고 지방도 5부로 나눈다. 다만 지방에는 수장으로 욕살을 두고, 행정관으로 처려근지를 배치한다."고 하였다.

고구려 국기 삼족오 깃발을 보며 고주몽 성제가 "큰 잔치를 시작하라."라고 하자 악공들과 춤꾼들의 마당 춤판 놀이가 시작되었으며 만세소리가 떠나갈 듯하였다. 이어서 먹는 잔치가 풍성하게 벌어졌다.

고주몽 성제는 놀이판을 구경하다가 제가들과 새로 짓고 있는 오녀산성으로 올라가 공사 진행 과정을 살폈다. 오녀산성에는 철기병 개마무사가 지키는 가운데 고구려의 깃발이 나부끼고 있었다.

그런데 시대는 난세였다.

고구려 첫 도읍지 환인현 5녀산성

고구려가 건국한지 얼마 되지 않아 말갈추장 서문과 설경 등이 비류국 송양왕과 상통하여 군병연합으로 한빈으로 침입해오자, 동명성제가 직접 정벌에 나서 설경을 비롯한 천여 명을 참살하였다.

동명성제는 곧이어 마리에게 밀운호반 농민들을 관리하게 하고, 한소를 배 만드는 조선대가에, 정공을 조병대가로, 마려를 축마대가로 삼아 관부를 세우게 했다. 협부와 길사를 좌우 태사로 삼아 절후력을 나눠주어 농사와 목축에 편하게 하도록 했다.

한빈군을 열두 부대로 나누고 대정(隊正)을 두었으며 반수는 기마군, 반군은 선군(船軍)을 이끌게 하고 각각에게 궁, 노, 검, 창을 나누어 주도록 했다.

고구려 관등조직은 시대발전에 따라 변경되고 시대마다 다르지만 일단 14개 관등조직으로 정립되었다.

1. 대대로
2. 태형
3. 대형
4. 소형, 조의두대형
5. 의후사
6. 오졸
7. 태대사자
8. 대사자
9. 소사자
10. 욕사

11. 예촉

12. 선인

13. 욕살

14. 과절

제가회의(귀족회의체)의 수장인 대대로는 3년마다 한 번씩 선출하고, 제 5위 이상이 제가회의에 참여할 수 있고, 장군이 될 수 있었다. 고구려 후기에는 막리지가 최고 관직이었다. (대막리지 연개소문)

한편 일연 스님의 삼국유사 왕력편에 고주몽이 단군의 아들이라고 되어 있어, 고주몽성제는 왕검단군부터 52대 단군이고 (단군조선 47대 북부여 해모수로부터 5대), 광개토대제는 70대 단군이 된다.

제7장

고모수왕과 멕시코

북부여를 세운 해모수의 증손자이고, 고이군왕(고구려후, 구려국왕) 고진의 손자이며 고주몽의 아버지인 고모수왕(북부여왕 또는 구려국왕) 소해모수나 불리지 또는 옥저후라고도 불리었다.〈고모수의 생부는 고덕(德)이고, 왕통을 이어준 양부는 고법(法)이어서, 황제라는 뜻으로 고덕황, 고법황이라고도 한다.〉

어머니는 화(禾)씨 또는 덕황화태후라고 불리었다. 부인은 양성(羊聖)왕후라 했다.

그는 기본적으로 덕치(德治)나 법치(法治)가 아닌 결치(潔治) 즉 '깨끗함'을 정치의 기본으로 내세우고 옥마신경(玉馬神經)을 좋아하며 신선도에 따르고 북부여 통일 등에 힘썼으나, 많은 우여곡절을 겪었고, 6국 전쟁, 7국 전쟁 등을 극복하느라 고생이 컸으며, 산짐승사냥, 고래사냥 등을 좋아하는 등 특성도 남달랐고 많은 베일에 싸여 있기도 했다.

고모수왕이 집정한 곳은 발해로 들어가는 요하 서쪽 불이성 단림산(檀林山)아래 푸른 솔이 우거진 단궐(丹闕)이었고, 황색 도포에 옥대를 두르고 머리에는 녹색 띠 비단모자를 썼다.

고모수왕은 먼저 흉노선우를 이용하여 한무제와 그 자손 및 장수들을 다스렸다.

기원전 89년 음력 8월 흉노선우 호록고가 어미를 위해 한의 장수 이광리를 도살하였다. 한무제 유철이 죽자 곽광과 상관절이 난을 일으켜 불릉 유척을 세웠다.

연왕 유단의 요청을 받고 고모수왕은 호록고에게 명하여 유단을 돕고, 천구태수 등을 베어 죽였다. 유단이 신하를 칭하였다.

기원전 84년 새 흉노선우 호연제에게 명하여 곽광, 상관절과 함께 연왕 유단을 맞이하게 하였다.

기원전 80년 호연제에게 명하여 군사를 징발하고 서한장군 곽광을 치고 그 골육상잔을 징치하였다.

청하백 옥두진과 사이에 부인 호인이 딸 유화를 낳고(기원전 74년) 이어서 둘째 훤화를 낳았고(기원전 72년), 다음에 셋째 위화를 낳았다.(기원전 68년)

옥저가 수로를 장악하고 주운을 지체하여 순노와 싸움이 붙고, 청하가 순노를 돕고 비류가 옥저를 도와 서로 싸우고 오래도록 결판이 나지 않아 백성들의 곤궁함이 극심하고 도둑들이 벌떼처럼 일어나므로 고모수왕이 중재하고, 옥저 등 제국이 양곡을 보내 도와주었다.

동부여 금와가 곡식을 바쳐왔다.

옥저가 주운을 게을리 하여 낙랑이 금척을 받아 그 땅을 차지하매, 고모수왕이 옥저를 도와 금와왕과 협의하여 두만강 북쪽 연해주 쪽으로 옮기게 하니, 이것이 치구루라고도 하는 북옥저이다.(기원전 68년)

다음은 고모수왕과 유화의 만남이다.

'고구려 창세기'라고도 하는 추모경(남당 박창화 지음)은 사람들이 두 용(龍)을 우발수(柳河)로 데려다 놓았다고 하여 고모수왕과 유화의 합환을 표현하였다.(기원전 59년)

고모수왕과 유화부인의 만남은 환단고기나 추모경을 보면 고주몽 성제의 출생 등으로 우리 역사는 물론 4중양절(삼월 삼진날, 단오, 칠월칠석, 중구절, 음양5행설에서 양수가 겹치는 음력 3월 3일, 5월 5일, 7월 7일, 9월 9일)의 기원을 이루는 홀수문화인 민족생활 습속의 중대한 사건이라고 할 수 있다.

먼저 북부여왕, 고리군왕, 고구려후라고도 하는 고모수왕은 옥저후 불리지(佛離支)라고도 불리운다. 땅을 넓게 불린 분이란 뜻이다. 지나의 주서나 사기를 보면, 서기전 5세기 단군조선에 불리지라는 분이 있어 조선 군대를 통일하여 하북성, 하남성, 산동성, 산서성을 정복하여 강역을 넓히고 산서성 대현에 불리지국을 건설한 전례가 있다한다.

고모수왕과 유화부인이 처음만나 합환한 날은 기원전 59년 음력 7월 7일 칠월 칠석 날이다. 고주몽을 잉태한 축하명절이며, 생명의 탄생과 연명을 나반과 아만 등 인류가 기원한 북두칠성에 기원하는 날이다. 7월 7석날은 은하수를 두고 견우

와 직녀가 오작교
를 건너 1년에 한번
만나는 날이고, 유
주자사 진의 무덤
인 평양 덕흥리 고
분석실 벽화에 있
는 견우와 직녀도
는 고모수왕과 유
화부인을 상징한다
고 한다.

멕시코 유카탄 반도 치첸이차 신전 앞에서 저자와 아내(조순옥)

　고주몽이 태어난
날은 기원전 58년 음력 5월 5일로서 고구려 건국 후 위대한
생명이 탄생한 날이라 하여, 단오날로 지정, 국가적 명절이 되
었다한다.(책에 따라 연도에 차이가 있음)

　단오날에 이어 고구려에서는 설날·추석과 함께 강남갔던
제비가 돌아오는 삼월 삼짇날과 왔던 제비가 강남으로 돌아가
고, 추수감사와 겨울 준비를 하는 중구절이 모두 나라의 명절
이 되었다.

　중양절 또는 중구절(음력 9월 9일)의 기원은 광개토대제로
부터 비롯되었다. 광개토대제는 즉위 이듬해인 서기 392년 7월
4만 장병을 이끌고 백제 진사왕을 정벌하여 석현에서 전가모
를 참하고, 12개 성과 성채를 빼앗았다. 이어 9월에는 거란을
공격하여 남녀 3,500명을 사로잡고 고구려 포로·유민 등 만여

명을 데리고 들어왔다. 이에 백성들 모두가 머리에 수유 가지를 꽂고 승전을 축하했는데, 이것이 중구절 풍속(9월 9일)의 기원이 되었다. 고구려 등지에서는 제비들이 강남으로 돌아간다는 중구절에 1년 농사 추수를 마치고 국화주를 준비하여 중구차례인 동명대제를 지내고, 조상을 찾아서 성묘도 하였다한다.

만물이 소생하고 강남갔던 제비가 돌아온다는 3월 삼짇날(삼진 또는 삼짓날)은 꽃이 만발하는 날에 봄맞이 행사로 가야에서 기원한바(春陽節), 태양족의 제천행사 하기전에 목욕재계하여 재앙을 쫓고 복을 비는 신선도 행사로서 계욕(불계)하는 계욕일이라고 한다. 4국은 물론 일본도 미소기하타이(불계)로 사당이나 신사에서 진행되었다. 뱀이 나오는 상사일이라고 했다.

삼월 삼짇날에는 봄맞이 행사로 꽃지짐 화전놀이, 꽃국수, 진달래 꽃술도 준비하고, 여인들은 머리감고 봄나물을 캐는 답청절이었다. 이날 고구려 남자들은 5부 병사를 중심으로 낙랑 벌판에서 천지산하에 제사를 지내고, 말타고 활쏘기 등 무술대회를 하고 사냥도 하였다. 바보 온달이 평강공주를 만나혼인하고 장군으로 승격하여 국가에 공헌한 계기가 된 것이 삼짇날 무술대회였다 한다.

새해 시작인 음력 1월 1일 설날은 낯설은 날, 선날, 삼가는 날 등의 의미가 있어 새해맞이를 하면서 일년 무탈을 염원하는데, 그 역사적 기원은 분명치 않으나 음력 역법이 사용되면서라고 추정된다.

평양 강동 대박산 단군릉의 주인으로 알려진 5세 구을단군은 60갑자 역서를 만들었고, 19대 구모소단군 54년에(단기 951년) 지리숙이 주천력(周天曆)을 만들었는데, 달과 별이 태양을 중심으로 궤도를 한바퀴 도는 것을 기본으로 했다한다. 태양력으로 보인다.

단군조선 2대 부루단군 2년(단기 104년)에 귀기가 칠회력을 만들었는데 태음력으로 1회날은 제천신(祭天神)하고, 2회날은 제월신(祭月神)하고 이어 수·화·목·금·토 순서로 월력을 만드는 것이 비롯되었다. 칠회력이 배달국부터 전해져 왔다는데 부루단군 때 재편되고 설날이 새로 지켜졌을 것으로 추정된다.

중추절인 추석은 고구려 동명성제 3년(서기 35년) 8월 보름 처음으로 신선도인 동명선자와 선랑 1천명이 졸본성 동쪽 교외에서 모여 훤화 천태후가 주관자인 월선(月仙)이 되어 월가회(月歌會)를 연 것이 그 기원이었다.

멕시코 테오티와칸 태양신전 입구

선자는 상무정신을, 선랑은 미(美)와 문(文)을 숭상하고, 차와 향으로 예절을 배우며 신선도수련과 노래자랑을 하고 잔치를 하였으며, 동명성제가 우수한 선자와 선랑에게 명주와 비단필을 하사했다고 한다. 그 다음해부터는 삼신과 조상신(고등신)에 제사를 지냈고 후일에 부여신(유화신)이 추가되었다.

추석은 큰 만월이 뜨는 음력 8월 15일, 8월 한가위 또는 가배절이라고도 하는데, 신라에서도 유리왕 9년(서기32년) 두 왕녀를 우두머리로 6부 여인을 두 팀으로 나눠 7월 16일부터 한 달간 길쌈경쟁을 하여 승패를 겨루는데, 8월 15일에 지는 편이 밥과 술을 대접하되 모두 함께 영가무도 놀이를 하는 데서도 기원되었다 한다.

고모수왕이 재위 중 어려웠던 것은 상간하 주변의 6나라(순노, 옥저, 청하, 비류, 황룡, 행인국)가 뒤엉켜 싸워 피가 하늘과 땅을 적신 6국전쟁(기원전 68년)과 난하 주변에서 7개 국가가 뒤엉켜 싸운 하상 7국 전쟁을 고모수왕이 평정했으나(행인국, 개마국, 비류국, 숙신국, 황룡국, 환나국, 졸본국), 그 왕으로 화상(禾相)의 요청에 따라 선비왕 송(松)의 아들 타리(흉노 목돌선우 8세손)에게 맡기므로 사단이 벌어졌다.(기원전 66년)

그것은 이때에 비리왕 아들 왕불과 타리가 세력이 강했는데, 서로 원수진 사이여서 기나긴 대립과 갈등이 끊이지 않고, 반란도 끊이지 않았다.

그리하여 기원전 62년 왕불에 의하여 타리가 죽고, 왕불은

잉카문명 유적 페루 마추피추 앞에서 저자

천왕이 되겠다고 반란을 일으켜 고모수왕을 강 위쪽으로 내몰고, 구려국 불이성을 완전히 불태웠다. 고모수왕은 갈 곳이 없었다.

이에 선인 주포와 조의 행인국 조천과 황룡국왕 양복(羊福), 양길(羊吉) 등이 고모수왕을 모시고 우선 황룡국 도성 두눌로 갔고 이어서 고모수왕은 숨은 뜻이 있어 불함산을 거쳐 북옥저로 가기로 했다. 당시 황룡국, 개마국 등은 조선반도에 있었다.

그 후에 비리왕이 된 왕불을 참회시키고, 해존(解存, 고모수왕의 장자)을 서부여왕이라 칭하게 하고, 옥두진이 금와왕에게 동부여왕이라 칭하게 하였다.

그런데 환단고기나 남당 박창화 선생의 추모경이나 고구려사 초략 등 사서를 보면 고모수왕에 대하여 이해할 수 없는 글들이 있다.

하나는 하백과 고모수가 유화문제로 여러 가지 신술로 다투는데, 살아있는 고모수가 승천했다고 하고, 왕불이 반란을 일으켰을 때, 양복이 이르기를 고모수왕은 낮에는 하는 일이 없으나, 밤에는 옥경(옥황상제 거소)에 올라 옥황상제 조칙을 받고 만민의 운세를 열어준다고도 했다.

고모수왕께서 유화왕후를 봉하시고 애지중지 하사 잠시도 곁을 떠나지 않으시고 원앙새 암·수와 같았더니, 구름이 무겁고 비가 깊어서 꽃이 피고 지고, 5룡이 옹위하며 곡선이 보좌하고 그 가운데 한 선제(仙帝)께서 기린 등에 봉황안장을 얹어 타고 하늘에서 내려오셨더니(또는 쓸쓸한 곳으로 떨어지셨더니), 유화께서 연못가에(물가에) 이르러 계시다가 신발을 거꾸로 신고 나가서 맞이하니 선제께서 다가와 껴안으시고 못가의 벌판에서 합환하니, 온몸에 하늘향기 가득함에 황홀하여 신음하였더라, 선제께서 용으로 변하시어서 한 거대한 용이 유화를 휘감아 교접하고 뿌연 물줄기가 헌걸차게 뿌려졌더라. 성모께서 놀라시어 깨어나셨더니, 한 자락 남가일몽이오. 고모수왕이 뱃속에 계심(임신함)이라니 기쁘고 행복함을 이기지 못하고 꿈 얘기를 하였더니, 고모수왕께서 이르시길 "60평생이 일거에 여기에서 열매를 맺게 되는 구나"라 하시고 자리에서 일어나사 천지사방에 절하시고 또한 성모에게 절하시며 이르시길 "〈부여〉 천년대업이 내처의 뱃속에 있음이니, 내 처는 삼가고 조심하여 뱃속의 성자를 기르시오"라 하였고, 유화께서는 답하시길 "첩 또한 금번의 방사가 결코 범상치 않음을 알고 있사오니 태교를 잘 지켜서 폐하의 성자를 탄생하겠나이다"라 하시고 잠자리 하나 먹는 것 하나에 지극히 정성을 다하셨더니. 고모수왕께서 우연히 득병하사 저 흰 구름을 타시고 제의본향으로 돌아가셨더니 성모께서는 실성·통곡·인사불성하시다가 복중의 성자를 위해 아픔을 참고 슬픔을 절제하시며 애처로이 조신하시는 나날을 소요하셨더라.

특히 추모경은 고모수와 유화의 만남 후, 곧 고모수가 죽은 것으로 기록했다.
무엇인가 정상적 기록이 아니다.
"사람들이 두 용(고모수와 유화)을 우발수로 데려다 주고, 기린(고모수)을 중천으로 내쳤더니 옥채찍은 회오리바람에 휑한 물가에 떨어지고(고모수 죽다!) 색동구름이 동해에 아득히 드리웠더라…"

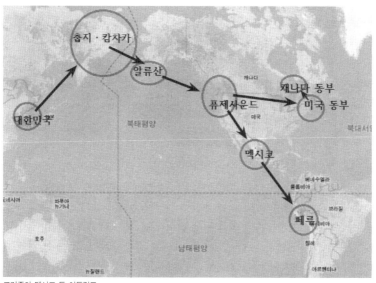

고리족의 멕시코 등 이동경로

무엇인가 동해 쪽으로 간 것을 은폐하기 위한 것이 아닌가 보여진다.

고모수왕은 밤에는 옥황상제를 만나 조칙을 받는다고 한 바, 이것도 이상하다. 이는 동해 태평양 어딘가에 있는 해 뜨는 나라, 즉 대대로가 다스렸다는 부상국(扶桑國, FUSANG)을 고래사냥 하듯 생각한 것은 아닐까 한다.[1]

고모수왕 일행은 북옥저로 가면서, 주포에게 고래잡이 포경단을 만들어서 부상국으로 가는 일을 기획하게 하고 조천과 양복은 많은 사람이 상괭이, 흰긴수염고래, 향유고래, 줄무늬돌고래, 이빨고래, 부리고래, 돌고래 등을 잡으며 만리 길을 넘

---

[1] 부상국은 현재 멕시코의 테오티와칸이란 고적도시로 세계지도에 나온다. 그러니까 아주 오랜 옛날부터 36,000년, 2만년 등 수만년 전, 2천년 전, 1300년 전, 1000년 전 등 여러 차례 북동아시아에서 알류샨 열도와 베링해를 지나 알래스카, 캐나다, 미국 멕시코와 남미 페루로 건너간 것으로 알려졌다.(수만년 전에는 베링기아라고 하여 북아시아와 미주 알래스카 대륙이 육지로 연결됨)
  중국 양서를 보면, 제나라 원년 고승 혜심스님은 한나라 때 2만리 동쪽에 있는 부상국에 다녀와서 그 나라의 1인자를 대대로라고 얘기했다. 멕시코국립인류학박물관
  도서관장 발타사르 브리토 과다다마 교수는 여러 가지 멕시코 책을 근거로 요동지방과 아사달(Aztan, 아스땅)에서 맥이족과 고리족이 넘어왔다고 말하고, 배제대학교 손성태 교수는 전문가로서 멕시코의 원류는 우리민족이라고 확신하고 이를 널리 알리고 있다.
  기원전후 50년 사이에는 고리족이 왔는데, 멕시코에서는 '콜와족'이라고 부른다고 한다.
  북아시아 코디악 섬과 알래스카만 대륙 중간지점에 있는 베네리 마을의 인디안 월터, 존, 주니어 마을 추장은 "우리는 이 땅에 만년 전부터 살아왔는데, 아직도 백인들과 싸우고 있다."고 했다한다. 미국 알래스카대 인류학과 벤포터 교수팀은 알래스카에서 15,000년전 어린이 유골 화석에서 DNA를 추출해 게놈을 복원한 결과 미국 원주민이 동아시아인이라는 사실을 밝혀냈고, UNIST 생명과학부 박종화 교수는 멕시코 악마문 동굴에서 7700년 전 화석을 발견해 DNA를 분석한 결과, 한반도 북부인이 아메리카 원주민이라고 밝혔다.
  아메리카 인디안 특히 멕시코 인디안들은 한민족과 같은 핏줄임을 언어학을 비롯 문화인류학적으로 개척한 손성태 교수는 한국어와 멕시코어, 미주 인디언 언어 2천개의 유사성을 말했다. 모태언어는 한민족 언어라고도 했다.

  아스텍 : 아사달, 다기려 : 화가, 내집 : 내집, 자식이 : 자식, 크네들 : 큰애들,
  피색 : 빨간색, 다마틴이 : 점쟁이, 잉카 : 힝카(해카-태양의 아들),
  맨하탄 : 많은 땅(마나땅), 오하이요 : 와요,
  마야 : 마야, 태백(tebec) : 산, 나도왔수족, 또왔나족, 어서와족 등 부지기수라고 한다.

  그 밖에 멕시코 뿐만 아니라 알래스카, 캐나다, 미국, 과테말라, 페루 등의 인디언 생활 풍속이 우리와 너무나 같은 점이 많은 것도 지적했다. 태양신전, 물의신전, 석성온돌, 아궁이, 구들, 고인돌, 반달돌칼, 성황당, 피라미드, 남자의 갓 상투, 여인들의 비녀, 연지, 색동저고리나 두루마기 같은 사람의 복식, 팽이치기, 윷놀이, 굴렁쇠 놀이, 금줄, 탯줄, 장례식장의 시신실, 돌절구, 소쿠리, 짚신, 창포머리 감기, 옥수수 농사, 태극문양, 케찰코아틀, 선인무당, 개미핥기, 새 깃털을 머리에 꼽는 행위, 고래 등의 암각화 등 부지기수이다.
  저자는 1992년부터 2년간 멕시코 유카탄 반도 캔쿤, 페루의 맞추피추와 티티카카 호반, 미국 와이오밍주 인디언 보호구역 등을 다녀왔는데, 인간적 유사성, 태양신전, 태양절인 동지에 천제를 지냄, 윷놀이, 돌절구, 소쿠리, 짚신 등 우리와 같은 생활양식을 본 바 있다.

게 가야하는 데에 필요한 양식과 포경선 제작, 그리고 고래잡이 즉 작살잡이(Lafama), 이주희망자 등 제 인원을 확보할 것을 명하였다.

그때 북옥저는 동부여 금와왕이 사실상 관장했었는데, 고주몽의 이모, 훤화의 남편 녹가(鹿加) 가숙(加菽) 공이 다스리고, 마가 오문이 협치하고 있었다. 고모수왕은 전에 옥저를 크게 도운 일이 있었다. 그리고 그 옆의 캄차카 반도의 구다국은 가숙공과 친밀한 여왕 섬니가 다스리고 있었다.

고모수왕은 순록, 들소, 말 사냥과 고래사냥을 해온 북옥저 가숙공과 구다국 섬니 여왕과 협의하여 포경선단을 꾸려 새로운 나라를 개척하기로 하였다.

당시에 고래잡이는 돛이나 노로 배를 저어 바다로 가다 고래를 발견하면, 작살로 고래를 찍어 꽂히게 하며, 도망간 고래가 지칠 때까지 20m가 넘는 줄이나 그물로 따라가서 잡으며, 메잉이 그 목숨을 거둔다.

우리나라는 청동기 시대의 울산 반구대 암각화에 고래와 고래잡이 그림이 있는 것처럼, 오랜 세월 고래 유목민으로 인연을 맺어왔다.

일찍이 신선고래 숭배 시대에는 사람이 죽어서 고래가 되는 것으로 생각하기도 했고, '고래등 같은 기와지붕'이니 하여 큰 것의 대명사로도 쓰였다. 또 상여 나가는 장면을 보면 상여꾼이 메는 굵은 밧줄 등 고래잡이배 닮은 '고래장' 장례와 비슷하다.

그리고 우리나라의 고래문화는 북태평양에서 태양을 따라 베링해를 건너고 태평양 연안을 따라 남하하여 북미, 남미는 물론 대서양까지 가는 고래 행로를 따라가는 것이었다. 그리하여 우리 고래문화와 미주 인디언 바닷가 고래 토템 문화가 유사성이 많게 되었다.

고모수왕이 주포와 조의, 그리고 가숙공, 오문공과 섬니왕이 만나서 고래잡이 포경단을 꾸려 해 뜨는 부상국으로 가는 것을 논의한 3개월 정도 되어서, 포경단이 구성되고 배도 만들어졌다.

총인원은 300명이고, 배는 통나무배(길이 7m, 너비 1m), 거북모형 위에 긴 대나무로 이은 거북선, 뗏목(긴 대나무로 엮고 돛과 노를 달음), 목선, 대형 철목선 등 12척이었다.

이들은 완전한 준비를 한 다음, 태양족, 광명족으로서 천제신과 수신으로서 용왕신에게 제를 올린 후 구다국 항구에서 포경선단의 대항해를 시작했다. 북쪽으로 알류산 열도, 베링해를 향해 출항했다.

고모수왕은 항해가 시작된 후 얼마 지난 후 가숙공에게 얘기했다.

"이 바다를 앞으로 옥저해라 불러라." "네 알겠습니다."

그래서 그 바다는 '옥저해'가 되었고, 러시아말로 '오-츠크해'라고 부르게 된 것이다. 주포와 조의선인이 측근에서 고모수왕을 모시고, 가숙공과 오문공이 항해와 인사관리를 맡았다. 주포는 그동안 같은 몽골리안인 에벤키족, 길약족, 코리악족을 만나 조상 얘기를 비롯하여 생활 얘기를 나눴다.

포경단은 알루샨 열도에 가서 '춥지족'을 만나고, 알래스카 만과 코디악섬의 중간 지점 내륙에서 베네티 마을도 들렀다. 그리고 돌고래 등 소형 고래를 많이 잡았다. 이들은 이어 알류샨 열도 아막낙 섬에 며칠 머물렀다. 이곳에 사는 사람들은 우리와 같았으며, 특히 온돌, 구들이 같은 구조였고 온돌이 있는 방구조를 갖고 있는 인디언 마을들은 모두 같은 민족임을 느꼈으며 고래뼈로 탈을 만들어 쓰기도 했다. 또한 죽어서 고래가 된다는 전설도 들었다.

이들은 알래스카로 가서 연어 회귀처인 브리스틀 만에 정박하고 알래스카 만 금광이 있는 발데즈에도 머물렀다. 텐구테도 들렀다.

알래스카에서는 이누이트인들을 만나 우리와 같은 구들고래를 볼 수 있었다. 구들고래는 구들장(돌탄)과 고래(빈 공간)로 구성되는데, 위로는 집에 고래뼈 지붕 서까래가 있고, 방은 반지하식 횡령 구들 고래인데, 움막식이며 입구가 터널로 되어 있었다. 사람이 죽어 고래가 된다는 것이었다.

태평양 연안을 따라 더 내려가, 밴쿠버 섬에서 혹등고래를 잡는 인디언을 보았고, 고모수왕 포경단도 혹등고래 등 큰 고래를 잡다가 사람이 10여명 희생되기도 했다. 또 포경단원 중에는 돌아가고자 하는 사람이 생겨서 가숙공이 대표로 20명을 배 한 척에 태워 북옥저로 돌아가기로 했다.

고모수왕의 포경단은 태평양 연안을 따라 남쪽으로 내려가면서, 고래잡이도 하고, 식생활을 영위하면서 세월을 낚았다. 그들은 고래들이 자주 몰려오는 엘리오트만과 천사만을 만나 고기잡이 항구에서 여러 날을 머무르며 멀리 나가서 고래잡이 등을 하며, 세월을 보내기도 했다.

고모수왕 포경단 일행은 수개월에 걸친 포경사업과 항해에서 많은 우여곡절이 있었으나, 아름다운 것은 태평양 망망대해에서 밤하늘에 쏟아질 듯한 수많은 별들을 바라보는 것. 수많은 혹등고래들이 광막한 바다에서 크나큰 춤을 함께 추는 모습. 수 만 마리의 홍학이 학익진의 모양으로 날아가는 장관. 황제나비 수 만 마리가 배를 따라 남쪽으로 가는 것 등이었다.

고모수왕 일행 약 270명은 드디어 대서양 멕시코만 반대편에 있는 짙푸른 코르테스 해협에 도달하였다.

멕시코는 기원전 2천년부터 시작되어 1년에 7모작이 가능한 옥수수 농사와 9,000km가 넘는 해안선을 자랑한다. 바하 캘리포니아 반도의 두 개 곶인 로스카보스에 배들을 정박하였다. 이곳은 너른 사막과 짙푸른 바다가 바짝 붙은 색다른 풍경이다.

부상이 뽕나무냐 선인장이냐 하는 견해가 나뉘는 데, 키가 20m까지 자라는 카르돈 선인장과 용설란 등 선인장이 주시를 받는 곳이다. 고모수왕은 여기에서 먼저 온 호피족인 동이족 사람들, 즉 올메카 문명인을 만나 부상국을 안내받기로 했다. 말이 어느 정도 통했다.

이 안내 인디언은 태평양과 접한 항구도시 아카풀코에서 포경선들을 정박케 했다. 고모수왕 일행은 안내를 받아 중앙고원에 태양신과 달의 거대신이 벽화로 있는 부상에 도착했다. 그곳에는 이미 그 주변에 살고 있는 인디언들이 안내자의 말을 전해 듣고 나와서 고모수왕 일행을 맞이해 주었다. 발 없는 말이 천리를 간 것이다.

고모수왕은 여러 달이 흘러 자리가 잡히자 주포를 신선으로 하고, 오문을 대대로 하여 건국 준비를 하게 했다. 태양과 달의 피라미드도 쌓았다. 그곳에 살던 선주민, 아나와크 고원의 동이족 수천명 등을 합쳐 태양족의 새 나라를 건국하였다. 삼국지 동이전이나 후한서 동이전은 고구려를 "맥이(貊耳)"라고 하였다. 맥족이라고도 했다.

새 나라의 이름은 맥이고(貊耳高) 즉 멕시코이다.

고구려나 고리군을 맥족 또는 맥이(貊耳)라고 하고, 고는 고리군왕의 고와 고모수왕의 고를 따서 맥이고라고 했다. 수도 명칭은 테오티와 칸이었다. 테오티와 칸은 불함산 즉 백두산을, 위서에서는 도태산이라고도 하는데, 도태에서 따온 것으로 보인다. 이것이 맥이고 즉 멕시코의 시작이었다. 맥이고려(貊耳高麗) 즉 Mexicorea인 셈이다. 이것을 문명으로 나타내면, 테오티와칸 문명이다. 멕시코에서 가장 오래된 문명은 멕시코와 캔쿤이 있는 유카탄 반도 중간에서 일어난 올메카 문명이다. 올메카 문명에 이어 일어난 문명이 마야 문명과 테오티와칸 문명이라 하고 테오티와칸은 '인간이 신이 되는 곳' 이라는 뜻이라고 배재대 손성태 교수는 "우리 민족의 대이동"에서 말했다. 태흐고고 호수 주변에서 일어난 최초 문명이 테오티와 칸 문명인바, 기원전 1세기에서 시작하여 기원후 8세기에 사라졌다한다. 그 후 일어난 문명이 돌태가 문명이고 그것이 사라지고 난 후 일어난 문명이 아스테가 문명이다. 테오티와칸 문명 유적에는 멕시코에서 가장 유명한 태양 피라밋과 달 피라밋, 꽤잘코아들 신전이 있다고 하며, 이 문명은 남미의 잉카 (힝카＝햇빛＝태양)문명으로 연결되었다.

멕시코는 근대에 이르러 스페인에 정복당했다가 기원 1821년 미겔 이달고 신부 주도 하에 독립운동을 하다가 독립을 쟁취하고 국명은 다시 멕시코라고 했다.

| 제8장 |

천하포무(天下布武)

　고구려를 건국한 고주몽 동명성제는 국태민안을 기하면서 산성, 궁실의 건축과 체제정비는 물론 만주 벌판에 백호마를 타고 천하통일을 위한 영토 확장과 정벌에 나서게 되었다. 전쟁에 나설 때는 원칙적으로 적보다 다수 정예병을 지켰다.

　또 천제단에는 77전 77승의 치우천황을 모시고, 큰 삼족오 깃발을 앞에 내세워 전투의욕을 높였다.

　본래 삼족오는 태양 안에 산다는 세발 까마귀이다. 금조(金鳥)나 일중삼족오(日中三足烏)라고도 한다. 이는 우주 창조 문화인 신선도 천지인 삼신일체 사상과 태극음양 사상에 터잡아 머리뿔 1, 날개 2, 다리 3인 음이 아닌 양(陽) 중심의 삼족오가 된 것이며, 우리 민족의 태양숭배와 봉황 등 새 숭배의 정신이 합쳐진 태양족·천손족과 조이족 연합 토템으로 생겨난 신조(神鳥)라고 볼 수 있다. (산해경 춘추 원명포) 역사적으로 삼족오가 처음 나타난 것은 배달국 시대에 신선도인 태호복희씨와 여와 교미상인데, 복희씨 머리에는 일중삼족오가, 여와 머리에는 달속에 다산을 상징하는 두꺼비가 있는 월중섬여 그림이다. 삼족오는 세월이 가면서 천지인 3재·삼신·3부여 통일·삼일신고·삼한통일·삼태극·회삼귀일·삼위일체 등으로 모습을 바꾸기도 했다. 훗날 역사가 흐르면서 삼족오 는 고구려를 중심으로 전 세계로 퍼졌는데, 가장 대표적인 삼 족오 벽화는 고구려 국내성이 있던 통구 각저총과 무용총 벽 화이다. 각저총(씨름총) 안에 들어가면 삼족오가 해안에서 결 가부좌하고 있다.

삼족오는 고구려 정체성을 확립하고, 상무정신과 함께 역동 성과 안정성으로 여러 문화를 통합 도화하는 통일의 상징이었 다.

신라, 가야 때는 일본으로 건너간 연오랑 세오녀도 까마귀를 상징으로 하고 있다. 그 밖에 삼족오 흔적을 보면, 통구사신 총, 용강쌍영총, 황해도 안악 1호고분, 평남 진파리 제7호고분 해 뚫음 무늬 삼족오 금동 왕관화, 중국 산동성 가상현 무씨 사당 화상석, 요녕성 북표현 장군산 북연 석곽묘 벽화, 섬서성 서안 선비족 북주의 필류관 묘석 선각화와 서역 토노번성 함 남화탁 구성 고분(고창국)에 있는 일중삼족오·복희와 여와 결합신상·일본 아스카고송총 벽화의 태양속 삼족오 등이 있 다.

그 첫 번째 정벌대상은 이웃 비류국 신선도를 지향하는 송 양 왕이었다. 송양은 말갈과 함께 여러 차례 침입해 갈등이 심했는바, 건국 후 2~3개월이 지나 동명성제는 소서노 황후 와 함께 비류수를 거슬러 올라가 송양을 마주하였다.

수인사가 끝나고, 서로 신하가 되라고 말싸움하다가 활과 창 으로 자웅을 겨루기로 하였다. 동명성제가 활과 창으로 모두

이기자, 송양은 기
세가 다하여 끝내
는 굴복하였다. 동
명성제는 황금국새,
금인, 옥마, 은학 등
진보와 황금 5천근,
장수바다거북등딱
지(玳瑁) 80매, 진
주선 부채와 시침
미녀 등을 거두어
돌아왔다.

5룡거를 타고 천강하는 북부여 해모수왕

송양은 앙심을 품
고, 2~3개월 후 모
든 병력인 보병과
기병 5천 명을 모으고 가돈을 장수로 고구려를 쳐들어왔다.

이에 동명성제는 선군대장에 한소를 임명하고 오이와 마리
에게는 각각 기병 500개씩 이끌고 하남과 탕동을 공략하게 하
고, 부분노에게는 1천 기병으로 한서지방으로 가서 탕남과 탕
서를 치게 하였다.

그리고 비류국에서 승전소식을 기다리던, 텅빈 도성을 비류
국 진장 마리로 하여금 기습하게 하여 송양을 사로잡아서 굴
복시켰다. 송양은 지렁이 갈비였다.

마리는 양 8천두, 기장과 콩 2천석, 약재, 궁시, 금은 보검과
잡물 8백종, 흰 소금 3천석을 매년 조공받기로 하고, 동명성제
는 칠종칠금할 뜻을 알렸다.

고구려 건국 2년, 춘정월 송양과 지난해 새삼 신하가 된 황룡국 양길이 토산물 등을 바쳐왔다. 그해 4월 소서노가 비류왕자와 온공주를 서성산에 있는 온수궁에서 낳았다. 3년 후에는 온조왕자(두근)를 낳았다. 그 4년 뒤에는 마공주를 낳았으며 3년 후에는 익공주를 낳았다.

동명성제는 묵거를 주약대가로 삼아서 소서노 황후의 약 수발을 들게 하고, 본영을 신수소가(국동대혈 신사 담당)로 삼으셨다.

그 해 2월 환나국 여왕 계루가 찾아와서 항복하니, 계루를 부인으로 거두었다. 계루후는 다음해에 고루를 낳았다.

그 해 6월 비류국 도성에 큰 비가 이레를 내려 큰 홍수가 나서 도성이 물속으로 함몰되고 백성들의 참람함은 이루 다 말할 수 없고, 송양은 암굴로 피난 갔다.

이에 동명성제가 군대를 동원하여 그들을 구원하고, 백성들을 진휼하시니 송양은 자신의 박덕과 무능을 깨달아 나라를 고구려에 바치고, 영원한 신하가 되겠다고 약속했다. 그리하여 동명성제는 비류국을 3분하여 탕동, 탕서, 탕북의 3군으로 하였으며, 송양을 다물후로 삼았다.

그해 9월에는 동명성제가 질산에서 사냥을 하면서 병사 8천 명을 활쏘기, 말타기 등 훈련을 시켰다. 어구를 질산 진장으로, 환백(桓栢)을 탕의진장으로 삼았다. 환백은 환숙이 낳은 고모수왕의 아들이니 동명성제의 이복동생이다.

오이, 마리, 협부를 3공(公)으로 삼고, 한소 부분노, 재사, 무골, 묵거, 구도, 을경, 환복, 정공을 9경(卿)으로 삼으며, 부위염, 구분, 오간, 마려, 우진, 환백, 어구, 고희, 송태, 일구, 분영,

화서를 12상대부(上大夫)로 삼고 나서 이들에게는 땅과 집, 노비, 말, 수레 등을 품위에 따라 하사했다.

동명성제 3년, 졸본성의 내성인 오녀산성이 완공되었다. 그 꼭대기에 천지가 있어

삼족오 문양 고구려 깃발

동명성제는 정벌을 나갈 때는 천지 앞에 제천단을 차리고, 77전 77승한 배달국 치우천황께 삼신(신교, 신선도의 신)과 함께 꼭 천제를 올렸다.

그리고 하빈에 한관(漢館)을 두어 재주있는 한인들을 거처하게 하고, 하빈후 한소로 하여금 그들에게 생활 기술을 가르치게 하고, 또한 부여 문자에 능통한 이들에게 한자(동이족 창힐 선생이 만든 글자)를 익혀서 쓰도록 하였다.

동명성제는 또 환나국을 거쳐 황룡국으로 가서 양길의 처 간영을 만나보았다. 그녀는 고모수왕의 장자 해존의 처가 되어 해문(解文)을 낳았다. 해문이 황룡국왕 보득에게 쫓겨오매, 동명성제는 기뻐하면서 해문을 행인국왕으로 봉하고 황룡국 군병 1만을 하빈에서 훈련하였다.

이듬해 행인국이 가뭄이 들어 재난이 들자 해문이 어려워졌고, 동명성제가 형제국이기에 양곡을 크게 보내 긴급 구휼했다.

동명성제는 또한 간영과 화영을 꾀어 북부여 신선도 의례와 옛 음악에 능통하므로 공경의 자제들 가운데에서 선례와 음률을 깨치게 하고, 이들이 직분을 받아서 각주나 각군으로 가게 했다.

아들들은 동명선자로 삼아 의(義)와 무(武)를 숭상하게 하고(상무정신), 든버릇 난버릇으로 천하무적의 용맹한 장군들을 탄생케 하며, 딸들은 선랑이라 하여 미(美)와 문(文)을 숭상하게 하고, 차와 향을 내는 것을 예절로 삼게 하였다. 또 8월 보름에는 처음으로 월가회(月歌會)를 졸본성 동쪽 교외에서 열고 훤화 천태후가 주관자인 월선(月仙)이 되었으며, 모여든 선자와 선랑은 1천 명이었는데, 모두에게 술잔치를 베풀고 명주, 비단필을 동명성제가 하사했다.

그해 10월 상달 10일에는 동맹대회를 조상신과 부여신을 모신 신사 국동대혈에서 개최했는데, 전국에서 모여든 선자와 선랑이 7천 명이었다.

고주몽 동명성제는 3공 등의 신하들과 후비들을 데리고, 친히 입석하여 안무하고 조상신과 부여신을 즐겁게 하였다. 모두에게 두건과 버선을 나눠 주었다.

공경들의 부인들에게 명하여 모두들 흰 옷(무늬 없이 정갈한 흰 비단옷)을 입고 음식을 마련하게 했다.

이때 비둘기 떼가 동쪽에서 날아와 신전에 보리를 심으니, 군신들이 고구려 만세를 불렀고, 동명성제는 후비들과 함께 동향하고 절하여 성모(유화부인)의 은혜에 고마움을 표하였다.

동명성제는 해가 바뀌자 본격적인 정복전쟁에 나섰다. 춘정월 하남(북경 밀운시 주변) 탕동(난하 중상류 주변)의 군사 3만 명을 징발하여 탕동왕 10부락을 우선 정벌하고 그들의 소굴은 불사르고 멀리 흑수 밖으로 몰아냈다. 이어 수구에서 양산 사이의 땅, 돈하와 말갈족 10부락 50여 진지를 정벌하여 15,000명을 죽이고 8천여 명을 사로잡았다.

* 행인국

동명성제는 다음해 3월 질산으로 가서 행인국 소식을 알아보고 서진하여 상곡(난주)과 돈황도 탐색하였다. 그 다음해 8월 부분노와 부위염으로 하여금 행인국을 정벌할 군사 1만을 선별하여 숙달시켰다. 행인국왕 조천의 동정을 계속 살피고 여러 차례 공격하여 동명 6년 10월에 완전하게 정복하였다.

그에 앞서 동명 4년에는 호인이 환갑을 맞이하여 동명성제가 거문고를 타고 환화태후가 노래하며 가숙공이 부인 위화와 함께 기린휘 화시류, 적토관, 청룡반 등의 춤으로 응대하여 호

중국 태원 중화 삼조당의 치우천황상

인의 조모를 기쁘게 경축하였다.

* 황룡국

동명 5년 황룡왕 보득이 입조하여 신하를 삼았으며, 동명성제가 보득, 화영과 비리국왕 두눌하에서 사냥하고, 나연과 양천에서 물고기 잡이를 하였다. 선비왕 보가 아들 소노로 하여금 황룡국의 보배구슬, 미녀 등을 보내오고 칭신하였다.

* 북옥저

동명 8년 북옥저 땅의 흑수말갈이 눈하를 건너 쳐들어오자, 오이로 하여금 정벌토록 하였다. 이듬 해 오이 등이 북옥저를 쳐서 12부락을 깼다. 10년 2월에 동명성제는 압수에 서도를 세우고, 왕대를 세웠는데 흰 란새들이 모여들어 란대라 하였다.

동명 10년 11월 옥저 땅에 장군 12명을 두어서 항복받고, 나누어 다스리게 하였다.

* 동옥저

동명 9년에는 주민대가에 명하여 신문고를 설치하고 백성들의 소원을 듣게 하며, 재사, 시길, 오이에게 명하여 죽령땅, 낙랑땅, 순노땅, 구하땅 등의 땅 경계를 분명히 하여 국경을 정하였다.

* 선비국

동명 6년 선비왕 섭신이 사신을 보내와 감초주 등 선물과 한의 책력을 바쳐오고 칭신하였다.

* 섭라

동명 14년 9월 환나 동남쪽에 있는 섭라 여왕 혁거지가 사신을 보내 입조하고 칭신하였다.

* 숙신

동명 6년 숙신왕 건짐과 용신이 1만 명의 군사로 쳐들어오자, 동명성제는 계후와 부분노로 하여금 군병 2천으로 쳐부수고, 난수와 행남지방을 모두 평정케 하였다.

또 구다국왕 섬니(여왕)를 쳐서 신하로 삼고, 개마왕 연의를 쳐 항복받았다.

동명 9년 10월 소서노 황후가 마공주를 낳았다.

동명 12년 3월 소서노 황후가 익공주를 낳았다.

동명 14년 5월 소서노 황후가 당공주를 낳았다.

동명 17년 9월 소서노 황후가 환공주를 낳았다.

* 양맥국

동명 11년 5월 동명성제는 양맥국(산서성에서 감숙성까지)에 가서 오이와 화영과 함께 밭을 일구어 기장을 파종한 것을 순시하고, 오이로 하여금 비리를 토벌토록 하였다. 또 오이로 하여금 고모수왕이 살았던 불이성을 찾게 하고, 옛 단궁으로 들어가 친히 사당에 제사하였다. 오이가 황룡왕과 비리왕을 겸하였다.

동명 12년 조선반도의 마한왕 관중이 황금 400근, 은 1,000근, 동 800근을 바쳐오면서 칭신하니, 동명성제가 이를 칭찬하며 계속적인 우호관계를 다짐하였다.

동명 13년 4월 동명성제는 직접 대군을 동원하여 개마국 북하성을 빼앗고 정복에 나서자 개마왕 연의가 동성에서 항전하다 패하고 남구지방으로 향했다.

동명성제는 을음을 현토태수 남구진장으로 삼아 이를 토벌하고, 1만 2천의 군병을 주둔시키며 2년 치의 곡식을 쌓고 한소로 하여금 배를 만들어 대비케 하였다.

고구려의 개마국 완전 정복은 동명 14년 8월에 종료되었다.

|제9장|

기마민족의 서진

　영토 확장이 잘 되어가면서, 고주몽 동명성제는 나라의 산업 발전과 민생에 관심을 기울였다. 그리고 부친 고모수왕이 동진하여 멕시코를 세운 것을 반면교사로 대제국 고구려 완성을 생각하면서 고조선과 부여 유민들이 찾아간 서쪽 즉 인도, 중앙아시아, 구주 쪽 탐사에 나서기로 하였다.

　고구려는 산도 많고 높으며, 물이 수려하지만, 들판이 넓어 벼, 보리, 콩, 수수, 기장, 조 등의 생산량이 풍부하고 수렵과 강이나 바다에서의 어로 활동도 많았다.

　발해만 요하 하류의 항구와 압록강 하류 안동항구 등은 교역의 중심지가 되어갔다. 국제교역에 있어 가장 관심을 끈 것은 비단이어서 뽕나무를 키우고 누에치기를 적극 권장하여 잠사업이 발달한 양맥국에 동명성제와 소서노 황후는 친히 답사하기로 했다.

　철기문화시대에 중요한 것은 철과 석탄인데, 우선 매장량이 30억 톤에 달하는 무산철광, 철과 석탄이 함께 대량 매장된 요녕성 고이산 무순철광, 안산철광, 산서철광 등을 개발하고 군장비인 창, 검, 화살촉, 운송 수단인 배와 수레의 제조는 물론 농기구 등을 제작하기 위한 제철소와 대장간을 많이 만들게 하였다.

고주몽 성제와 소서노 황후는 우선 잠사업을 양맥국에 가서 살펴보고 행인국에서 소금산과 소금우물 등을 관찰하며, 비단을 대량생산하여 서쪽나라와 교역하고, 행인국 소금산을 살펴본 후 서진정책과 함께 대륙의 큰 소금산을 찾아 소금을 크게, 오래 확보하여 백성들의 생활을 안정되게 하기로 하였다.

동명 6년, 동명성제가 질양(호화호특대청산) 지역에 행인 정벌군의 주사(군선)들에게 명하여 염호인 호수 연변에 참호를 세워 소금길을 뚫게 하였다. 염후들이 항거하였다.

행인국에도 소금산과 소금우물이 많아서 그 소금이 황룡, 개마, 졸본, 구다국에서 소용되었으며, 그 관리자는 염산·염호에 대, 소, 황, 백염후라는 이름이 있었고 각기 염병(소금군인) 수백씩을 거느리고 소금을 팔아 큰 이득을 보았는데, 그 소금들을 모두 고구려가 차지하였다.

동명 8년, 성제가 막거의 왕소군을 동지(東池)에서 만났는데, 왕소군이 딸을 낳자 인삼, 곰발바닥, 잣, 호두, 자패를 보내주었다. 성제는 이어서 소득을 채금사자로 하여 나라 안의 금, 은, 동, 철을 캐어 관리토록 하였고, 미금을 채염사자로 삼아 염산, 염호와 발해만 등의 염전도 관리하도록 하였다.

동명 7년, 동명성제는 백성들이 농사짓고 누에칠 밭과 들을 마련하라고, 순노국 상가 재사, 졸본국 상가 연봉, 환나국 상가 환웅 등 8개국 상가에 조칙을 내리고 훤화태후가 친히 누에를 치고, 소서노 황후가 친히 삼베를 삼고, 계황후가 양털을 고루면서 잠인, 잠녀 마인, 마녀, 모인, 모녀 등으로 하여금 뽕일과 가죽과 양털 다루는 일들을 하게 하였다.

양맥국과 황룡국도 잠사에 힘을 기울였는데, 여름 석달 농사 일로 충분하였다.

3개월 후, 훤화태후가 잠사 실적을 보고하니, 주몽성제가 잠실로 왕림하시어 잠사와 잠인들에게 옷과 술을 내리셨다.

참고로 황후가 입은 적복은 비단 치마, 비단 저고리를 자색과 녹색으로 하고, 가과포, 화과삼, 옥대, 7보주관을 착용했다. 7보는 비취, 홍옥, 황금, 산호, 진주, 야광주, 호박이었다.

동명 8년, 훤화태후가 누에를 치고 견사로 비단을 직조하여 동명성제의 옷을 만들었더니 나라의 잠업이 더욱 발전하게 되

만주 환인산성 하의 고분

었다. 동명성제는 그 후, 서천후 소득(황룡국 서천후)의 농원에서 잠사를 둘러보기도 하고, 소득으로 하여금 나라의 잠직을 주관케 하기도 하고, 화영과 더불어 양맥국에 가서 농원과 잠원을 살폈다.

동명 15년에는 소서노 황후가 친히 잠사를 하고 전 황후가 양털로 천을 짜고, 화 소후가 친히 마사(麻事)를 하였다.

그해에 동명성제는 또 약초밭 1,000경(1백만평)을 만들고 백성들로 하여금 인삼, 당귀, 황기, 계수나무 등 여러 가지 약초 종자를 기르도록 하였다.

동명 8년 5월, 조하 위에서 3만의 병사를 훈련했는데, 행인, 구다, 졸본, 환나, 비류, 순노, 옥저, 말갈, 낙랑, 비리, 양맥 사람들이 찾아와서 군사들을 먹였더니 그 모습이 장관이었다. 이때 양맥국 사두부 추장 허신(許信), 오리부 맥극가, 남부추장 오진, 월이부 추장 금인 등이 입조하여 충성을 맹세하므로 모두에게 말 두필, 명주 열 필씩을 하대하고 처(妻)가 될 사람을 한 사람씩 추천하였다. 동명성제와 소황후는 데릴사위로 삼아 허신 추장에게 고대아 공주를 추천하니, 허추장은 그 후대에 흡족하여 "감사합니다"라고 말하고 허리를 굽혀 3번 절하였다.

동명성제는 여기서 고모수왕의 부상국행에 대한 반면교사로써 서쪽으로 원행할 기마원정대를 편성했다.

기마원정대는 동명성제가 나서되, 협부를 총대장으로 하고,

8기장군을 선두로
하며 5개의 쌍마 수
레를 따르도록 했
다. 이 밖에 동명성
제의 이복동생인
해주와 갈사후 가
숙공 동생 가색(茄
索) 및 염사, 잠사,

키르키스스탄 졸본아타 인근의 암각화

석공 등도 함께했다. 8기 장군은 오간, 위염, 마려, 환백, 구분,
어구, 도희, 송태 장군이다.

한나라를 지나 서쪽 중앙아시아 지역은 환국시대에는 수메
르 문명, 우르문명 등으로 연방국이었으며, 그 후 부여족과 훈
족(몽골, 흉노), 돌궐족의 왕래가 있었다.

훈(Hun)족은 동유럽 헝가리를 세우기도 했다. 수레에는 많
은 비단과 밀, 차, 사향, 금, 진귀품들을 실었다.

동명성제는 동명 10년 서진하여 진한의 도성인 서안 인근에
서도를 세우고, 고구려 피라밋을 건립하는 등 서진토대를 만
들게 하고, 광명제라고도 하는 유리제가 거기서 등극했다(고
구려사 초략 779).

우선 기마원정대는 양맥국 추장 허신의 안내로 양맥국으로
달려가서 사두부 숙소에서 하루를 묵었다. 차마고도와 실크로
드의 시작이었다.

원정대는 이어서 허신과 김인 추장을 양맥국에 남겨두고, 산

서성으로 가서 큰 소금산인 월꿍 소금산을 바라보면서 환성을 올렸다. 이 산서성과 감숙성, 청해성, 신강성, 청장고원 일대는 옛날에는 바다였다고 한다.

기마원정대는 감숙성을 지나며, 사막지대인 명사산 막고굴에 이르렀다. 반월형으로 생긴 명사산 오아시스는 참으로 신선하고 신비로웠다. 기마원정대는 막고굴에서 안전한 원정을 위해 천제를 지냈다.

청해성으로 가는 길에서는 낙타무리를 이끌고 장삿길을 떠나는 대상들을 만나기도 했다. 여기서 허신 추장은 안악국 추장으로 있는 허성을 만나기 위하여 떠나갔고, 허신은 수개월 후 졸본성으로 다시 찾아뵙겠다고 했다.

청해성 고원지대에 위치한 차이담 분지에는 4대 염호가 있는데, 청염, 진주염, 수정염, 산호염 등 다양한 소금이 있다. 그 가운데에서도 해발 3,000m 고원에 있는 차카(몽골어로 소금바다) 염호라는 거대한 소금산이 있다.

여기에는 많은 소금 조각상과 소금 채취원이 있었고, 개인별로 소금을 부대에 담는 사람이 많았다. 고주몽 성제는 협부에게 명하여 고구려의 주요 소금 채취원으로 삼으라고 했다.

기마원정대는 이어 신강성으로 가서 투르판 남쪽 54km지점에 있는 아이딩후(艾丁湖)에 이르렀다. 세계에서 두 번째로 큰 염호로 중앙아시아 등으로 수출되는데, 거대한 바위염 산이 있었다.

기마 원정대는 천산산맥 중심에 있는 쿠차국의 크제르카하 천불동에서 거대 염산을 탐사하기도 했다. 또한 쿠차국에서 비단과 밀 등을 팔고, 향신료와 지역 특산품을 사기도 했다.

동명성제의 기마원정대는 카작지방으로 넘어가서 사마르칸트를 지나 사과가 많이 나는 초원로에서 농원을 사 장원을 두고, 알맞은 땅인 알마타 장원을 설치하였고, 그것을 환백장군에게 맡겼다.

원정대는 이어 아사달을 의미하는 아스타나에서 오래 머물렀다. 카작 땅은 환국시대의 한 연방인 구막한국이었다.

카작지방은 스키타이, 삭족, 훈족 등 100여 종족이 모여 사는데, 스쿠다라고 하여 활쏘는 사람들이 주종을 이루었다. 흉노의 조상 삭정의 후손도 많았다. 이곳의 주민들은 태양신을 모셔, 삼족오를 좋아하고 국장은 날개 달린 천마를 나타냈으며, 동서양 교역의 황금길이었다.

이 사람들은 삼 텡그리라는 3신을 믿고, 삼주스연방이라 하여 단군조선의 3한 관경과 같았다. 이들은 또 단군조선의 국자랑이나 북부여 천왕랑, 고구려 조의선인 같은 코미타투스가 있었다. 동명성제는 여기에 가삭공을 남겨 장원을 설치하고, 한민족의 터전을 만들게 했다. 환백장군과 가삭공에게는 양곡과 황금을 주어 장원 형성에 쓰게 하였다.

고구려 기마원정대는 이어 유라시아에서 제일 높고 큰 호수, 물빛이 가장 아름답다는 천산산맥의 눈이 녹는 설산의 이스쿨 호수(雪海라고 함)를 향해 달렸다.

이스쿨 호수 북쪽에는 기원전 1,500년 되는 자작나무 숲으로 둘러 쌓인 곳에 큰 돌들이 모여 쌓여있고, 암각화가 그려있는 키르키스 암각화에 도달하였다. 키르키스스탄 지역이었다. 이 암각화들은 말, 소, 양, 사슴, 순록, 호랑이 등과 새를 날리는 남자 등 600여 개의 암각화가 모여 암각화 박물관처럼 보였다.

협부는 구렛나루를 만지며 석공에게 명하여 이 암각화의 제일 큰 돌에 동명성제가 사슴을 쏘는 모양의 암각화를 조성하도록 했다.

그리고 동명성제는 그 위쪽에 크게 땅을 사도록 협부에게 지시하고, 그곳에 장원을 만들되 '졸본아타(졸본에 준한 땅)'라고 명명하고, 해주공에게 이곳을 형성, 관리하라고 명하였다.

졸본아타는 그 후 동방 샛별 아버지인 '샛별아빠'라는 뜻으로 통했다.

고구려 기마원정대는 밝은 산 백산(白山) 불함산을 연상시키는 발칸산맥 쪽으로 향하였다. 불가리아라는 나라이다.

부여는 불여, 부여, 불, 부르, 벌과 통하여 태양족과 통하는데, 부여 → 부리 → 불로 변음이 된 것이다.

불가리아는 기원전 3,000년부터 소피아 북쪽 240km 안트리강 상류 벨리코 투르노브에 사람들이 살고 있었는데, 부여족과 아바르족(아사달족)이 코커스 지방을 거쳐 차르베르 언덕에 도착하여 올가강과 카마강 유역까지 정착해 살았다. 불가리아는 부여족이나 예맥족의 땅이었다.

불가리아 가운데 타타르족은 전쟁에 나가기 전 조상신 단군에게 제사하고, 몽고반점이 있으며 정월 보름달 놀이, 굿거리 동지인 태양절에 천제 지내기 등이 같고 한옥 같은 전통의 기와집, 집 담장, 돌담길 등이 고구려와 아주 비슷했다.

부여나 고구려에 고추가가 있었는데, 부여 고추가와 같이 불가리아에 고추불가제국이 존재하기도 했다.

동명성제는 어구 장군에게 차르베르 언덕에 중심을 둔 장원을 설치하게 하고, 구분 장군을 남겨 '알반장원'이라 부르게 했다.

고구려 서진 기마원정대는 여기를 반환점으로 하여 고구려 졸본성으로 간편하고 신속하게 귀환하기 시작했다.

한편 기마원정대와 헤어져 결가던 양맥국 사모부 추장인 허신 일행은 월이부 추장 금인 즉, 김인(金忍)과 함께 사천성 안악현 보주의 안악국 추장인 허성의 집으로 향했다. 허씨가 많이 모여 살고 있는 허씨들의 집성촌으로 추장 허성은 허신의 형이었다.

보주에 살고 있는 허씨들은 독특한 역사를 가지고 있었다. 이들은 본래 기원전 1세기 인도 우타 프라데시 주변 코살라국 아유타야 왕족이었다. 아야타야는 불경 승만부인경의 승만부인이 출현한 불교국가였다.

그러다가 기원전 187년 아쇼카왕의 마우리아 왕조가 망하고 중앙아시아 쿠샨족이 인도 서북부 쪽으로 밀고 쳐들어오자 아유타야 내전이 일어나고, 혼란이 심해지자 불자 섭가, 바라문 승가와 아유타야 왕족 등의 지배층이 동쪽으로 망명하여 나간 바, 미얀마의 보석 루트를 타고 사천성 맥적산 빠뜨라 뿌뜨라를 거쳐 보주에 정착해 허씨를 창성하고 안악국을 열었다.

그 허씨 후손 중에서 출세한 사람이 허광한(許廣漢)인데, 그 딸이 한 선제 황후 효선효성황후였고, 한 선제는 허광한에게 평은후와 허평군(許平君)을 봉했다. 그리고 그 허광한의 후손들이 양맥국, 감숙성, 사천성 등지에 흩어져 살았는데, 허성과 허신은 그의 증손자로 추정된다.

그리고 허광한이 한 선제 황제를 모실 때 서로 친하게 지낸 사람이 숙질 간인 김륜과 김안상(김일제 아들)이었다.

전한이 왕망과 김일제 손자 김담에 의하여 망하고 '신'나라를 세우기 전에 흉노가 한에 패배하여 휴도왕이 잡히고, 그 아들 투후 김일제와 동생 김륜도 잡혀왔다.

후일 김일제의 후손 중에 그 4대손이 신라의 김알지, 김알지의 6대손이 김미추왕이었고 김륜의 5대 손인 김융의 아들이 가야의 김수로왕이 된다.

허신은 사모부를 안악국으로 이동하기로 하고 안악국의 추장인 허성에게 고구려 국왕의 사위가 되기로 한 것을 잘 알렸다. 소금과 곡식, 약재 등으로 멀리 장사를 다니며, 몇 차례 졸본성에 내조하여 고대아 공주를 만났던 허신은 동명 13년 3월 안악국과 아유타국 사신들과 함께 내조하여 고대아 공주와 결혼식을 올리고, 동명성제와 소서노 황후의 환송을 받으며, 성제의 명으로 하신, 월당이 이끄는 경무장 기병들에게 호송 받으면서 보주로 부부가 함께 떠났다.

허신과 고대아 공주 사이에서 태어난 아들이 허보옥이고, 딸이 허황옥인데 훗날 가야의 김수로왕과 결혼하게 되니, 허황옥 왕후가 된 것으로 생각된다.

참고로 삼국유사 가락국기에 나오는 김수로왕과 허왕후 설화는 기원전 6세기 스리랑카 비자야왕 설화와 닮았는데, 비자야왕은 인도에서 거북 모양의 배를 타고 바다 건너 스리랑카에서 싱할리 왕국을 수립하고 인도 남부 타밀인의 판디야 왕국 야소다라 공주와 결혼하는데, 거북선과 구지봉의 구지가 (거북노래)가 연상되고, 김수로왕 딸 묘견공주가 도왜할 때 거북 모양의 배를 탔고, 야마대국은 거북 나라란 뜻이다.

한편 "아리랑의 시원지를 찾아서"를 쓴 강평원 작가는 12살의 허황옥이 히말라야 고산 준령에 있는 중천축국 아요디야가 멸망할 때인 기원 32년에 고향 아리를 떠날 때 고향산천과 부모형제를 그리면서 부른 노래가 아리랑이고, 이어 정착한 곳이 보주인 사천성 파군 안악현이라고 했다. 그 후 김해로 갔다 한다. 아요디야에서 김해로 바로 간 것이 아니라고 주장했다.

허황옥이 김해로 가지고 간 김수로왕 의상, 금색 비단은 허씨 고향의 특산이며 이런 물건들은 중국 촉나라에서 만들어진 것이지 인도가 아니었다. 이로부터 허씨의 출생지를 알 수 있다. 서남 실크로드를 통하여 촉과 인도 사이의 무역 왕래를 볼 수 있고 또 허황옥이 인도 공주라고 거짓으로 자칭하는 문화 배경을 알 수 있다. 허씨가 인도 공주라고 거짓 자칭한 점에서 고대 사천 지역의 사람들이 인도의 역사, 지리에 상당한 지식을 가지고 있음을 알 수 있다. 이로부터 허씨 가족 중 혹은 보주사람들이 서남 실크로드를 통하여 인도 아유타국까지 가본 적이 있었기에 허황옥이 수로왕을 만났을 때 인도 공주라고 말을 하고, 동한 반란민의 신분을 감춘 것임이 분명하다.

인도 역사, 문헌, 불교문화 등을 고찰해 보면 허씨의 '아유타국 공주' 신분이 성립되지 않는다. 김병모 박사는 가락국 허황옥의 출생지라는 문장에서 보주와 아유타 두 곳은 아무런 연계가 없는 것은 아니라고 했다. 특별히 아유타는 서기전 186 년 이가 왕조가 서울을 정한 곳이다. 이곳에서 김 교수가 말한 아유타는 바로 역사상의 화씨성(지금의 바터라)이다.

서기전 324년 공작 종족에서 태어난 치타라지더(즉 월호왕)가 공작 제국을 세우고 북인도 지역을 통일하고 화씨성(즉, 아유타)에 서울을 정했다. 서북의 인도 유역은 이미 정치 무대에서 중요한 의의를 잃고 정치, 경제, 문화 중심지가 동쪽으로 이동했다.

서기전 187년 부사미어뤄 장군이 공작국 황제를 죽이고 이가 왕조를 세웠다. 공작 제국은 멸망되었다. 이가 왕조는 여전히 화씨성을 서울로 정했으나 공작 왕조의 강성 시기보다는 쇠퇴의 길로 나갔다.

서기전 75년 대신 바소티바가 궁정 정변을 일으켜 왕위를 탈취하고 간뭐 왕조를 세웠으나 정세가 불안정하여 4명의 왕을 거쳐 서기전 30년에 남인도의 안더라에 의해 멸망된다. 실제 마세타국은 이미 이때에 멸망된 것이다. 간뭐 왕조가 멸망되고 4세기 초 동인도의 지뒤 제국이 일어날 때까지의 마세타 역사는 희미하다. 기원 15~65년 사이 중아시아의 꾸이쌍이 흥성하면서 인도 서북부 지역을 점령하고 화씨성으로 진입한다. 간뭐 왕조가 멸망되는 서기전 30년으로부터 계산하여 기원 48 년에 허황옥이 수로왕에게 시집을 간다 해도 그 사이에는 78 년이라는 시간적 차이가 있다. 즉 허씨가 출생하기 62년전에 간뭐 왕조는 이미 멸망되었는데 공주가 있을 수 없다. 그럼 허황옥은 공작, 이가, 간줘 왕조 중 어느 대의 공주인가? 그리고 또 아유타국 공주라는 이 칭호부터 문제가 존재한다. 아유타는 성의 이름이지 나라 이름은 아니다. 열국 시기에 아유타는 지싸라국의 큰 성에 불과하며 종래로 나라가 된 적이 없다.

강평원 작가는 허씨가 '5월중 본국에서 출발하여 7월 27일에 김해에 도착했다'는 기록에서 시간 면에서 항해 거리에서 살펴보면 또 언어 교류와 문화 공통성의 특징을 볼 때 출발지가 조선 반도에 영향이 크고 거리가 제일 가까운 중국 안악현이라 하고, 이런 면에 중점을 주면 문헌 기록의 제한성에서 벗어날 수 있다고 주장했다.

| 제 10장 |

부부와 부자, 그리고 형제

대권은 부부, 부자, 형제간에도 나누기 어려운 법이다.

서쪽에서 돌아온 동명성제는 국동대혈 신수로 가서 풍년제를 지내고, 그 주변 부로들을 모아 연회를 베풀고, 마리 등과 북쪽 국경지역을 쭉 순행하고 돌아왔다.

그런데, 동명성제가 병이 들어 위중해지자 세 황후가 목욕재계하고 자신의 몸으로 대신하겠다고 하늘에 빌었다.

그리고 오리가 왕충으로 하여금 점을 보게 하니, 부괘가 나타나 좋지 않으니, 선인들을 명산대천에 가서 기도하게 하였다.

이를 보고 협부는 북쪽 찬바람에 득병하였으나, 음기가 성하고 양기가 쇠하는 조짐이니 마땅히 색사(色事)를 멀리하고 후궁들을 줄이며, 보양을 하라고 동명성제에게 간언하였다.

다음에 의약대가 묵거가,

"신이 약을 써서 병을 낫게 하겠습니다."라고 하고 탕약을 지어 바쳤다.

동명성제는 동명 14년 6월 진장을 동부여성인 책성으로 보내 어머니 유화왕후의 환후를 돌보게 하고, 해례황후와 유리 왕자 등에게 황금 100근씩을 보냈다.

그해 8월에 오간이 고성, 동성 등 세 성을 빼앗고 정공이 우성에 진주하였다.

그 16일에 유화왕후의 부음이 책성으로부터 도착(7월에 사망하였으나 홍수로 인해 지체됨)하니 성제가 애통해하고, 거국적으로 모두 흰 비단옷을 입게 하였다.

그리고 황궁대가 구도와 소형 송의를 조문 사절로 보내 조상하고, 부의로 황금 400근, 백금 200근, 동 80근, 분홍비단 10 필, 백견 20필, 황사 200필, 단향 50근, 청자 30근, 3주(酒) 각 7 항아리, 옥관 1개, 황태후 적복 2벌을 바치게 하니, 봉거 3대에 호군 120명을 딸려 보냈다.

성제는 대선인 목(木)공을 보내어 금와왕에게 약을 드리고 성모빈전에서 경을 외우고 유골을 나누어 돌아오기를 청하였다. 금와왕이 성모를 화장하고 유골을 나누어서 사당을 세우고 황후의 예로 장사하게 하였고, 두달 뒤 목공이 유골을 나누어서 돌아왔으며 용산(龍山) 남령(南嶺)에 신묘를 세우고 유골을 옥관에 안장하였다.

동명성제는 훤화태후와 함께 소복을 입고, 소후와 맹후 등 후비들은 평상복으로 뒤를 따르면서 사흘간 큰 제사를 올렸다. 또 국동대혈에 유화신을 국모신으로 모셨다.

주신대가 재사와 소형 오천으로 하여금 책성에 가서 영험한 음식과 방물을 금와왕에게 바치고 유골을 나누어준 은혜에 감사하였다.

동명 15년 8월, 동명성제는 소서노후와 더불어 친히 신마 2,000필을 한빈에서 검열하고, 그들을 타고 달리는 것을 시험하여 우수한 이들에게 상을 주었다.

소서노후는 동부여에서 유리왕자가 입조할 것을 우려하여 을경과 협부와 의논하고, 정윤(正胤, 동궁)을 세우자고 하니, 동명성제는 아직 이른 것 같다고 했다.

훤 황자, 비류왕자, 고루왕자가 현명하지만 지혜롭지 못하니 두근(온조)왕자를 정윤으로 하자는 의견이 많아, 동명성제는 이를 부득이하게 허락했다.

10월에 온조를 정윤으로 삼고, 오간의 딸을 태자비로 삼고, 마려를 동궁사로 삼아 문자와 명적들을 가르치게 했다.

원양공주를 비류왕자의 비로 삼았다.

동부여 해례황후가 사신 호빈을 보내 어의를 바치고, 소식을 전하자, 동명성제는 다물후 송의(모친 관패)를 보내 그곳 동정을 살피고 오라고 했다. 송의가 책성으로 가서 유리왕자를 보고, 그 영웅 상에 반해 형제의 의를 맺고,

"태자님의 일은 신이 맡아서 책임지겠습니다."라고 했다.

동명 18년 정월, 유리왕자가 부러진 신검 조각을 찾아서 옥지, 구추, 도조를 데리고 어머니 해례황후를 모시고 책성을 떠나 이슬받이를 따라 졸본성으로 왔다. 송의의 안내로 오춘의 집에서 머물다가 서도의 란대라는 곳에 머물게 하였다.

동명성제가 처음 동부여를 탈출하기로 한 부인 해례비에게,

"내가 검을 두 개로 잘라 한 조각은 내가 갖고, 다른 하나는 칠릉석 위 일곱 소나무 밑에 감추고 가니, 아들이 태어나면

새로 발견된 국내성 광개토대제릉

그것을 갖고 찾아와 맞추라"고 했던 것이다.

동명성제는 해례 황후와 유리왕자를 반가이 맞이하고 두조
각 검을 맞춰보니 요철이 딱 맞았다.

그 후 8월 노인 곽손 등 72인이 유리왕자를 정윤으로 삼으
라고 요청하자, 성제가 이를 기쁘게 받아들였다. 그때 소서노
후가 곽손 등을 나무라며, 후사를 세우는 일에 나서지 말라고
했다. 이어서,

"이럴 줄 알았으면 첩은 온조와 더불어 멀리 산곡으로 가서
양보했을 것입니다."
라고 성제에게 말하니,

"내가 의당 선처하겠소."라고 응답하였다.

그날 밤, 소서노후는 궁에 돌아와 을음, 재사, 비류, 온조 등

을 불러 앞으로의 대책을 깊이 논의했다. 특히 소서노는 을음과 새국가 건설에 대해 깊이 의논했다.

그해 10월 동명성제는 해례황후, 유리와 함께 국동대혈 신수를 알현하고, 군신들을 모이게 하여 정윤문제를 상의했다.

소서노후는 세가 불리함을 알고 크게 노하여 구도, 구분 등과 우양으로 물러나 머물면서 "태백중옹고사(주문왕의 백부 중부인 태백과 중옹이 멀리 도망하여 보위에 뜻이 없음을 보인 고사)를 좇아 나라를 유리에게 양보하겠습니다."라고 하였다.

동명성제가 군신들에게 명하여 동쪽(온조)과 서쪽(유리) 깃발을 세워 놓고, 지지를 가서 표현하게 하여 다소로 가리게 하였다.

그 때 온조가 나와서 아뢰길,

"평온한 시절에는 장자를 세우고, 혼란한 시절에는 현명한 이를 세운다는 가르침을 들었는데, 어찌 소자를 그릇되게 하시려 하십니까?"

라고 아뢰고, 스스로 서쪽 깃발 아래 서니, 군신들이 모두 서쪽 깃발로 모여들었다.

동명성제는 "현명하구나! 온조야"라 이르고 유리에게 온조를 감싸주라고 하며, 온조로 하여금 남방(하북성 남쪽, 하남성, 산동성) 땅을 제압하여 지키게 하고, 서남방(서한)을 제압하라고 명하였다.

1년 후, 유리황제는 온조를 한남왕으로 봉하고, 우양(북경북부 우란산)을 도읍으로 하라고 명하였다.

동명 19년(기원전 19) 춘정월 유리왕자를 정윤으로 삼았다.
4월에는 서하 사람 고성 등 75인이 기린을 바쳤는데, 5색을 모두 갖추고 붉은 뿔과 푸른 발굽을 지녔다. 성제는 소서노후와 더불어 같이 가서 보고,

"거루가 가더니, 기린이 왔구먼. 내가 아마 죽으려나 보지?"
라고 하니,

소후가 화를 내며,
"아직 젊으시고, 천하를 아우르는 일을 끝내지 않았는데, 어찌 그런 말씀을 하십니까?"라 하였더니,

고주몽 성제는, "만사가 뜬구름 같소."(萬事如浮雲而己)"천강에 물 있으니, 천강달이고 만리에 구름 없으니, 만리천일세(千江有水千江月, 萬里無雲萬里天)"
라고 하고 자리에 누워 하루 밤낮을 아무런 말이 없었다.
인생은 한 조각 구름이 일어났다가 사라지는 것이다.

이어 소서노후에게 명하여 유리정윤에게 신검과 황금옥새를 전하였더니, 동궁이 사양하자 소황후가,
"까닭을 몰라서 고치지 못하는 병인지라, 헤아리시고 받으시라."고 하여 받았다.

유리태자가 소후와 더불어 성제를 찾아뵈러 가니, 성제는 이미 숨을 거두는 지라.

유리는 성제의 눈을 감겨드렸다.

유리황제는 새로 지은 서도의 궁 란대에서 즉위하였다. 도읍을 눌현(장춘)을 거쳐 22년 국내성으로 옮겼다.

새 황제는 오이에게 군사를 위임하고, 5월에 동명성제의 릉을 용산(龍山)에 짓고, 9월에 거룩하게 장사하고, 거루와 기린 유골을 릉 아래에 묻었다. 이것이 장군총이라는 국내성 동명성제릉이다.

'동명성제'라 시호하였다. '전(傳)동명성왕릉'은 지금은 평양에 있다.

제 11장

남으로 가는 별들

〈성주풀이(황제풀이)〉

어하라 만수(萬壽). 어하라 대신(大神)이야.
대활령(大活靈)으로 설설이 내리소서
이댁성주, 저댁성주 성주로구나
낙양성 십리허에 높고 낮은 저 무덤은
영웅호걸이 몇몇이냐. 절세가인이 그 누구냐.
우리네 인생 한번가면 저기 저 모양이 될 터이니
어하라 만수. 어하라 대신이야.

저 건너 잔솔밭에 설설기는 저 포수야
저 산비둘기 잡지마라.
저 비둘기는 나와 같아
임을 잃고 밤새도록 임을 찾아 헤매노라.
어하라 만수. 어하라 대신이야.

한송정 솔을 베어 조그맣게 배를 지어

술렁술렁 배 띄워 놓고
술이나 안주 가득 싣고
강릉 경포대 달구경 가세
둥실둥실 달구경 가세
어하라 만수, 어하라 대신이야.

어하라 만수. 어하라 대신이야.
성주야 성주로다.
성주근본이 어디메뇨.
경상도 안동 땅의 제비원이 본이 되어
제비원에다 솔쇠 받아 동문산에다 던졌더니
그 솔이 점점 자라나서
밤이면 이슬맞고 낮이면 볕에 쬐어
청장목, 황장목, 도리기둥이 다 되었구나.
어하라 만수, 어하라 대신이야.
대활령으로 설설이 내리소서.

이 노래는 백제의 무천 행사에서 부르는 노래인데, 성주는 가택신을 의미하고, '어하라'는 소서노가 건국한 '백제' 초기의 나라 이름인데, 세월이 가면서 '어하라'가 '어라'로 바뀌었고, 가사도 지역에 따라 변화가 있었다. '대신'은 인간의 길흉화복을 맡은 큰 신이고, '대활령'은 사람을 크게 살리는 영이며, '제비원'은 안동 연미사 미륵불상 어깨 너머의 소나무를 일컫는다.

탐라국 시조 고을나 등 3성이 나온 제주시 삼성혈

　동명성제로부터 다음 제위가 유리에게 갈 것을 알자, 아버지
연타발과 함께 고구려 건국에 크게 기여한 여장부 소서노는
배신감을 참고, 오빠 을음, 아들 비류, 온조와 재사, 오건, 마려
등의 책사들을 궁으로 불러 의논하고 앞으로 남쪽으로 내려가
대륙에서 대양으로 눈을 돌려, 발해로부터 환황해권에 새 나
라를 건국하기로 하고 그 준비에 나섰다. 밤에는 남두육성을
바라보고 간다는 것이다.

　우선은 요하지역 장원이 있던 대방지역(금주)을 중심으로
하고(동명성제의 명도 있었던 지역), 기존에 장원이 있던 곳
이나, 새로운 중요 해안에 담로(淡路 또는 擔魯 지방분권 중
심자, 왕실종친 자제)를 많이 설치해 통일국가의 모습을 갖추
어 나가기로 했다. 그래서 그 기초 작업을 선발대로 출발한
을음이 맡아서 하기로 했다.

　그 지역은 조선반도의 황해도 재령강 하류 대방 장원이 있

는 반천리 지역, 한강하류 미추홀과 영산강 나주지방, 제주도 (耽羅, 침미다례), 부산, 임나, 일본 북구주와 산동성 노제지역 담로, 양자강 하류 오월지역 담로 등이었다.

소서노는 동명성제가 붕어하고 한 달이 지나자 비류, 온조왕 자와 오간, 마려 등 18명의 신하를 대동하고, 쌍두마차 10여대 에 짐을 싣고 새나라 건국지 요서 대방(금주)으로 향했다.
새 임금 유리제와 신하들이 나와서 배웅했고, 따르는 백성들 이 백가(百家)가 넘었다. 백제(百濟)라는 국호는 백가제해(百 家濟海) 즉 담로, 다물 집단인 백가가 바다를 건너 나라를 세 웠다는 뜻이니 황해 등의 제해권을 장악한 해양국가라는 의미 이다.

소서노는 금주에서 새나라 '어하라'를 건국했다.
이것은 사실상 백제의 건국이다.
소서노 여제는 형인 비류를 태자로 책봉하고, 온조는 조선반 도 재령강 유역 대방으로 보내 나라를 열게 할 작정을 가졌 다.
환단고기에서 국명은 '어라하'이고 주서에는 왕호가 '어라 가'로서 고구려 말로 '제일 높은 사람'을 나타내는데 피지배 계층은 이를 '건길지'라고 불렀고, '어륙'은 결혼에 의해 형성 된 친족을 말한다.

어라하를 건국할 당시에 함경도 쪽에는 동옥저, 평양 쪽에는 최씨의 낙랑국, 강원도 지역에는 동예맥이 강릉과 춘천을 중심으로 있었다.

단군조선 시대에는 3한관경(진한, 변한, 마한)을 했는데, 이때 조선반도 중부 이남에는 신라와 남 3한이 있었다. 신라는 제2권 처음에 논한다.

남 3한은 남마한, 남진한, 남변한이다.

남마한은 번조선의 마지막 왕 준왕이 좌우 궁인을 이끌고 해로로 남하하여 경기도 광주 한터에 세웠고, 그 중심이 웅진, 익산, 나주 등으로 남하했고 모두 54개의 소국으로 형성되었다. 익산마한은 번조선 상장 탁대가 세웠다.

남진한은 진국으로도 불려왔는데, 위만조선 말기에 우거왕의 불신을 받은 재상 역계령이 2천여호 백성들과 함께 동쪽 진국으로 망명했다 하는바, 이들은 예성강을 거쳐 영남지방으로 갔고 12소국으로 구성되었다. 다만 진왕의 월지국은 금강 유역 아래에 있었다.

남변한은 경남지방의 머리가 편두인 사람들로 구성되었다. 모두 12국이었는데 가야로 바뀌게 된다.

그 밖에 변진 12국이 있다. 이들은 남해 연안 마산만 등의 창령, 칠원, 진해 등지의 포상 8국, 고탄자국 등을 비롯한 비가야계 세력으로 비류백제 계통으로 나타나게 된다.

| 제 12장 |

백가제해 (百家濟海)

어라하를 세운 소서노 여제는 건국 후 환황해지역 장원이나, 담로를 정리하고 돌아온 을음과 의논하고, 대양제국의 구상을 마쳤다.

우선 온조왕자를 조선반도 재령강 유역 대방 장원으로 가서 통치의 준비 터전을 닦게 했다.

온조는 오간, 마려 등 신하 10명과 함께 떠나 '신 어라하'를 세웠다.

그는 그 후 따뜻한 남쪽으로 내려가 한산 부아악에서 살핀 후 위례성(오리골, 처음에는 직산에서 한산 하남 위례성 몽촌 토성으로 천도)에 도읍을 정하고, 국명을 십제(十濟)라 했다. 온조는 건국하자 동명왕묘와 신사를 세웠다.

소서노 여제는 즉위 후 통치를 하면서 태자 비류를 산동성 장원이나 양자강 오월지역 담로, 침미다례(제주도), 왜국 구주 담로는 물론 조선반도의 미추홀(메주골, 인천과 아산인주) 담로를 개척하게 하였다.

소서노 여제는 11년이 흐르자 해변 미추홀로 도읍을 옮기고,

제위를 비류에게 넘기고 국명을 백제(百濟) 즉 '백가제해'라
했다.

　형제 간에 백제, 십제 연합왕국이 생긴 것이다.

　동이강국, 해상강국의 꿈을 가진 나라였다.

　그 후 소서노는 어떻게 되었고, 백제와 십제는 어떻게 변했
을까?

　삼국사기에는 비류가 자결했다고 한다.

　우리나라 고대사 최대 미스터리 중의 하나이다.

『삼국사기』 온조왕 13년조(기원전 6)를 보면,

　「왕도에 암여우가 남자가 되고, 5호랑이가 입성하며(五虎入
城) 왕모가 돌아가니 81세였다.」로 되어 있다.

　이는 바른대로 적기 거북한 반역사건 같은 것을 은폐하기
위한 우회기사로 보인다.

　제반의 사료와 사정을 감안하면, 온조가 소서노와 비류의 말
을 듣지 않자, 소서노가 군을 이끌고 십제 도읍에 입성(5호는
북부여 해모수 5룡거, 고구려의 5가 등 비류, 소서노의 공동성
수)했다가, 온조의 신하 강경파들이 소서노를 시해한 것으로
보인다.

　온조왕은 곧이어 천도를 선포하고(한산성) 마한왕에게도 통
고했으며, 실제로 다음해에 천도하였다.

　그리고 『삼국사기』 온조왕 17년조에 보면, 국모제사당에 관
한 기사가 나오는데, 이는 소서노 제사를 비류백제에서 지냈
으며, 온조 측에 시해된 국모가 4년 후에 암장되었던 것이 밝

혀진 것으로 추정된다.

훗날 소서노의 무덤으로 추정되는 고분인 적석총이 아산 미추홀이 위치하는 안성천 하구 쪽이 멀리 내려다 보이는 직산 위례성 암석 고봉에서 발견되기도 했다.

온조왕 27년 마한이 망했고, 남마한의 구장 주근이 그 후 8년 뒤에 남원, 운봉을 거쳐 함안으로 진출하여 서부 경남일대를 점령하고, 우곡성(진주의 서부 우산 비정)에 웅거하여 백제를 역습하므로, 비류왕은 친히 군사 5천을 거느리고 가 토벌하고, 서부 경남 8읍을 차지했다.(浦上八國 또는 東韓之地)

『삼국사기』 온조왕 43년(서기 25) 8월 온조왕이 아산벌에서 5일 동안 사냥을 했다. 이어 9월에는 큰 기러기 100여 마리가 왕궁에 모이었다. 일관이 "큰 기러기는 백성의 상징이요 멀리서 내투자(來投者)가 있을 것이다" 라고 말하였다는 이상한 기사가 나온다. 이는 온조왕군이 아산벌에서 비류왕군과 싸워 이긴 것을 의미한다는 은폐적 고대 기술 방식이다. 아마 비류가 패사한 것으로 추정된다.

비류백제와 일본의 국가 기원을 쓴 김성호 박사는 비류백제가 광개토대제가 서기 4세기말 토벌할 때까지 존속했다고 보기도 한다.

아산벌 전쟁 뒤 비류왕족 측은 온조왕 측과 협상하여 왕이 되거나 온조와 함께 백제 왕족이나 외척, 고위직을 맡은 것으로 보이며, 이때 온조왕이 국명을 백제로 통일한 것으로 생각된다.

그리고 비류백제의 22담로를 차지한 것으로 보인다. 백제왕이 된 비류계통의 왕으로는 고이왕, 초고왕, 비유왕, 동성왕, 근초고왕 등이 있으며, 왕비로는 근초고왕비가 있고, 백제 8대 성씨에 속하는 진(眞)씨나 우(優)씨로서 고위 통치 관리가 되기도 하고, 일부는 아라가야, 장수가야, 임나가야, 포상팔국, 왜국백제로 크게 넘어간 듯하다.

통치 관료로는 좌평이나 좌장을 지낸 사람으로 진충(眞忠), 진물(眞勿), 진가(眞可) 진고도(眞高道) 등과 우두(優豆), 우복(優福) 등 삼국사기에 많이 기록되어 있다.

일본 천황가가 진씨임도 기억

백제 금동향로(충남 부여 능산리 출토)

해야 할 일이다. 온조왕은 아산벌 싸움 2년 뒤 붕어하고, 다루왕, 기루왕, 개로왕, 초고왕으로 이어진다.

현재까지 전해오는 유일한 백제 가요인 망부가요, 현대에서 수제천(壽齊天)으로 임금과 나라의 안정을 비는 궁중음악으로도 불리는 정읍사(井邑詞)를 본다.

〈정읍사(井邑詞)〉

달하 노피곰 도다샤
어긔야 머리곰 비취오시라
어긔야 어강됴리 아으 다롱디리
져재 너러신고요
어긔야 즌델 드데욜세라
어긔야 어강됴리
어느이다 노코시라
어긔야 내 가는데 점글세라
어긔야 어강됴리 아으 다롱디리

'어긔야 어강됴리 아으 다롱디리'는 노래가락을 맞추기
위한 여음구(조홍구)이다.

달님이여 높이높이 돋으시어
멀리멀리 비추시라
시장에 가 계신가요(남편)
진데를 디딜실까 걱정입니다.
어느곳에 놓으셨나요(짐을, 마음을)
내가(우리가) 가는 곳에 날 저물까 걱정입니다.

제 2권
신라, 가야, 야마대의 성장

제1장

신라의 건국과 성장

우리나라 역사상 드문 천년제국으로 황금문화를 꽃 피우고 분열된 4국을 통일한 신라의 건국은 어떤 과정을 거쳤을까?

『환단고기』, 『삼국유사』, 『삼국사기』 등을 보면 태양신화, 천강난생 신화 등 선도산 성모신화, 박혁거세 신화, 알영신화로부터 시작하여 애매한 부분이 많다.

또, 삼국사기 박혁거세 편을 보면 기원전 57년에 건국한 바, 그로부터 32년까지는 특별한 구체적인 기사가 없고 건국 4년부터 32년까지 천문관측으로 (첨성대) 일식 4차례, 혜성 출현 등만 나온다.

또 천문 학자로 서울대 교수와 고등과학원 교수를 지낸 박창범 박사(국사찾기협의회 부회장)는 기원전 57~ 서기 201년 사이의 상대 신라 천문관측 최적지는 황하 중동부 남쪽으로 나타났다고 했다.

먼저 신라건국에 관한 설화를 살펴보고 신단실기, 추모경 등을 살펴 진상에 접근해간다.

남진한 땅에 단군조선의 유민들이 금성(경주) 6촌에 살고 있었는데, 기원전 57년 박혁거세를 왕으로, 알영부인을 왕비로 나라를 세워 서라벌이라 했다. 서벌, 사로, 사라, 계림으로도 불렸으며, 그 후 지증왕 때에 신라(新羅 : 德業日新 綱羅四方)로 고쳤다.

그 6촌은 알천 양산촌(촌장 알평, 李씨의 조상), 돌산 고허촌(촌장 소벌도리, 鄭씨의 조상), 무산 대수촌(촌장 구례마, 孫씨의 조상), 자산 진지촌(촌장 지백호, 崔씨의 조상), 금산 가리촌(촌장 지타, 裴씨의 조상), 명활산 고야촌(촌장 호진, 薛씨의 조상) 인데, 촌장은 모두 처음에 하늘에서 내려왔다고 한다.

건국 전에 소벌도리공 등 6촌장이 모여 덕 있는 이를 임금 삼아 건국하려 할 때, 양산 나정에 번갯불 같은 기운이 하늘에서 땅으로 비쳤다.

그때 흰말 한 마리가 땅에 꿇어 앉아 절하는 모습이라 찾아가 보니, 말은 하늘로 올라갔고, 자줏빛 큰 알 한 개가 있었다. 천강난생 신화다.

알을 깨니, 한 사내 아이가 나왔는데, 단정하고 아름다워 동천에서 목욕시켰다. 몸에서 광채가 나고, 새와 짐승들이 몰려와 춤을 추었다. 이어 천지가 진동하고 해와 달이 청명해졌다. 이분이 박혁거세 거서간(박모양 광명왕, 弗居內王)이다.

이어 사량리에 있는 알영 우물가에 계룡이 나타나 왼쪽 갈비에서 어린 계집아이를 낳았는데, 아름답고 수려했다. 두 어린 성인이 13세가 되자 건국왕과 왕후가 되었다.

『환단고기』와 『삼국
유사』는 박혁거세는
어머니가 신선도를 배
워 지선이 된 선도산
(仙桃山) 성모(聖母)
또는 신모(神母)로서
부여제실의 딸이라고
하였다. 졸본부여의 첫
왕인 고두막한의 딸
파소는 솔개가 머무는
산인 서연산(西鳶山)

신라 경주 첨성대

에서 신선도를 닦다가 한 남자를 만나 아들과 딸을 낳았다.

박혁거세의 부친은 고두막한왕이 죽인 고우루왕의 아들 고
사로라는 설과 요녕성 번시 본계현 출신 박보가라는 설이 있
다.

그 아들이 박혁거세이고, 딸이 박혁거지이다.

특히 환단고기 삼성전기 상을 보면, 박혁거세 모친 파소의
부친이자 서압록 서요하 사람인 고두막한이 창의하여 병을 일
으키고 단군이라 하였다.(졸본부여) 을미(기원전 86년) 한소제
때 부여의 고도를 점거하여, 나라를 동명이라 칭하니, 이것이
신라의 고양(故壤) 즉 신라로 연결되는 땅이라고 되어있다.

박혁거세는 성모산이던 요동 연산을 떠나 내몽골 홍산(紅山
＝도홍산桃紅山) 근처의 경주성(慶州城)에서 단군조선과 부여
족 일부를 거느리고 서벌이라는 나라를 세웠다. 그 후 33년이

지나 고구려가 강성해지자, 그 일족을 거느리고, 요하, 눈수, 두만강을 건너 동옥저의 라진(羅津, 벌나루, 신라로 가는 나루) 비화도에서 배를 타고 동해를 지나, 조선반도 경주인근 내을촌에 상륙하여 서벌을 금성으로 옮기고, 금성 궁실을 짓기 시작하며, 토착민과의 어울림으로 토착화된 것으로 보인다.

선도산 성모의 딸이자, 박혁거세의 동생인 혁거지(奕居知)는 환나의 동남쪽 산을 의지하며 바다 곁에 있었던 섭라(涉羅)국 여왕이 되었다.(황하하류, 고대의 사로국 또는 사라국) 백성들은 어렵을 생업으로 삼는 사람이 많았으며, 습속이 순박하여 노래하기를 좋아하고, 귀신에게 춤을 올렸다. 영가무도이다.

기원전 24년 혁거지가 고구려에 사신을 보내 공물을 바쳤고, 고주몽 동명성제가 능라비단을 하사하고, 여왕이 직접 입조하라 명하였다.

하늘 복숭아를 상징하는 선도의 파소성모는 동신성모(東神聖母)라고도 했으며(김교헌, 신단실기) 파소는 딸의 나라 섭라에 살다가 남쪽으로 내려가 절강성 임해현, 진운현 등 서도산에도 살고, 복건성에 신라현이 있는 천주 용암시 등 선도산에도 살아 그 족적을 서신라로 남겼으며, 계림 서악에도 성모사(聖母祠)가 있었다.

신라의 왕은 박, 석, 김 세 가지 성의 왕이 있었다. 석씨 왕의 조상은 4대 석탈해이다. 김씨의 시조는 김알지이나, 처음 왕위에 오른 사람은 13대 김미추왕이다.

신라 56대 왕 가운데에 박씨는 10명, 석씨는 8명, 김씨는 38명이다. 여왕은 3명이 있었다.

〈『삼국사기』 '석탈해 왕'〉

탈해이사금(脫解尼師今)이 즉위하니 그 때 나이 62세이며, 성은 석(昔)씨요, 비는 아효부인(阿孝夫人)이었다.

탈해는 본래 다파나국(多婆那國) 출생으로, 그 나라는 왜국의 동북쪽 1천 리쯤 되는 곳에 있었다. 처음에 그 국왕이 여국왕(女國王)의 딸을 데려다 아내를 삼았더니 아이를 밴지 7년만에 큰 알을 낳거늘, 왕이 가로되, 사람으로서 알을 낳은 것은 상서롭지 못한 일이니 버리라고 하였다.

그런데 그 아내는 차마 그렇게 하지 못하고 비단으로 알을 싸서 보물과 함께 함에 넣고 바다에 띄워 갈 데로 가게 내버려두었다. 그것이 처음 금관국(金官國)의 해변에 가서 닿으

신라 경주 김미추왕릉

니, 금관국 사람들은 이를 괴이하게 여겨 취하지 아니하고, 다시 진한(辰韓)의 아진포구(阿珍浦口)에 이르니, 이때는 시조 혁거세가 재위한 지 39년 되던 해였다.

그때 해변의 노모가 이를 줄로 잡아당기어 바닷가에 매고 궤를 열어 본즉, 거기에 한 어린아이가 들어 있었다. 그 노모가 이를 데려다 길렀더니, 장성하자 신장은 9척이나 되고, 인물이 동탕하고, 지식이 남보다 뛰어났다. 어떤 이가 말하기를,

"이 아이의 성씨를 알지 못하니 처음 궤짝이 와 닿을 때 까치 한 마리가 날아 울면서 따라 다녔으니 마땅히 '작(鵲)' 자의 한 쪽을 줄여 석씨(昔氏)로 성(姓)을 삼고, 또 그 아이가 담은 궤를 열고 나왔으니 탈해(脫解)로 이름을 지어야 한다."

탈해가 처음에는 고기잡이로 생업을 삼아 어미를 봉양했는데 한때도 게으른 빛이 전혀 없었다. 어미가 말했다.

"너는 범상한 사람이 아니고 골상(骨相)이 특이하니 학문을 배워 공명을 세워라."

이에 탈해는 학문에 오로지 힘쓰고 겸하여 지리(地理)를 알았다. 양산(楊山) 아래에 있는 호공(瓠公)의 집을 바라보고 그 터가 길지라고 여겨 속임수를 내어 이를 빼앗아 살았으니 후에 월성(月城)이 그곳이었다.

○ 남해왕 5년에 이르러 왕이 그 어짊을 듣고 딸을 주어 아내를 삼게 했고, 7년에는 등용하여 대보(大輔)란 벼슬을 삼아

정사(政事)를 맡겼다. 유리(儒理)가 돌아갈 때 유언하여 말했다.

"선왕(南解)의 부탁하신 말씀에 '내가 죽은 뒤 아들과 사위를 따지지 말고 나이가 많고 어진 자로 위(位)를 잇게 하라.'고 하셨기 때문에 과인이 먼저 즉위했다. 이제는 그 위를 탈해에게 전할 것이다."라고 하였다.

2년 봄 정월에 호공(瓠公)에게 벼슬을 내려 대보(大輔)로 삼았다.

○ 2월에 왕이 친히 시조묘(始祖廟)에 제사지냈다.

3년 봄 3월에 왕이 토함산에 올랐는데, 일산 뚜껑과 같은 검은 구름이 왕의 머리 위에 뜨더니 한참 있다가 흐트러졌다.

○ 여름 5월에 왜국(倭國)과 우호를 맺고 사신을 나누었다.

○ 6월에 혜성(彗星)이 천선(天船)에 나타났었다.

5년 가을 8월에 마한의 장군 맹소(孟召)가 복암성(覆巖城)을 들어 항복하였다.

7년 겨울 10월에 백제왕이 땅을 개척하여 낭자곡(娘子谷, 청주)에 이르렀다. 그리고 사신을 신라에 보내 회동을 청했으나, 왕은 가지 아니하였다.

8년 가을 8월에 백제가 군대를 보내 와산성(蛙山城, 보은)을 치더니, 겨울 10월에 또 구양성(狗壤城)을 공격하자 왕이 기병 2천을 보내 쳐 쫓아버렸다.

○ 12월에 지진이 일어나고 눈이 오지 않았다.

9년 봄 3월 왕이 밤에 금성(金城) 서쪽의 시림(始林) 숲 사이에서 닭이 우는 소리를 들었다. 새벽에 호공(瓠公)을 보내 살펴보게 하였더니 거기 나뭇가지에 금색의 작은 궤짝이 걸려 있고 그 밑에 흰 닭이 울고 있었다. 호공이 돌아와 그대로 고하니, 왕이 사람을 보내어 그 궤를 가져다 열어보니, 그 속에 조그만 사내 아이가 들어 있는데, 자태가 뛰어나게 훌륭했다. 왕이 기뻐하며 좌우에 일러 가로되,

"이는 하늘이 내게 아들을 준 것이 아니겠는가!"라고 하고 거둬 길렀다. 차차 자람에 총명하고 지략이 많아 이름을 알지(閼智)라 하고 그가 금 궤짝에서 나왔기 때문에 성을 김씨(金氏)라 했다. 또 시림을 고치어 계림(鷄林)이라 하여 써 국호를 삼았다.

10년에 백제가 와산성을 공격해 빼앗아 2백 인을 남겨 머물러 지키게 했으나, 얼마 아니하여 신라에서 이를 도로 빼앗았다.

11년 봄 정월에 박씨(朴氏) 귀척(貴戚)으로 국내의 주군(州郡)을 나누어 다스리게 하고 주주(州主)·군주(郡主)라 불렀다.

○ 2월에 순정(順貞)으로 이벌찬을 삼고 정사(政事)를 맡겼

다.

14년 백제가 침입해 왔다.

17년 왜인들이 목출도(木出島)에 쳐들어왔다. 왕이 각간(角干) 우오(羽烏)를 보내 막게 했는데, 이기지 못하고 우오는 전사했다.

18년 가을 8월에 백제가 변경을 침공하니 군대를 보내 막았다.

19년 크게 가물어 백성들이 굶주리니 창고를 열어 구제해주었다.
ㅇ 겨울 10월에 백제가 신라의 서쪽 변경의 와산성(蛙山城)을 공격해 함락했다.

20년 가을 9월에 군대를 보내 백제를 정벌하고 와산성을 도로 뺏고 백제로부터 그간 와서 머물던 사람 2백여 명을 모두 죽였다.

21년 가을 8월 아찬 길문(吉門)이 황산진(黃山津) 입구에서 가야 군대와 싸워 1천여 명의 목을 베었다. 길문을 파진찬으로 삼아 공로를 포상했다.

23년 봄 2월에 혜성이 동방과 북방에서 보이더니 20일 만에 사라졌다.

24년 여름 4월에 서울[경도(京都)]에 강한 바람이 불어 금성
(金城)의 동문이 저절로 무너졌다.

○ 가을 8월에 왕이 세상을 떠나니 성 북쪽의 양정(壤井)
언덕에 장사지냈다.

『삼국유사』 '석탈해 왕'

탈해이사금은 남해왕(南解王) 때에 가락국의 바다에 어떤
배가 와서 닿았다. 이것을 보고 그 나라 수로왕이 신하 및 백
성들과 더불어 북을 치고 법석이면서 그들을 맞이해 머물게
하려고 했다. 그러나 그 배는 나는 듯이 달려 계림의 동쪽 하
서지촌 아진포에 이르렀다. 이때 마침 포구의 해변에 한 늙은
할멈이 있어 이름을 아진의선(阿珍義先)이라 하였는데, 이가
바로 혁거세왕 때의 고기잡이 할멈이었다.

[아진의선이] 배를 바라보며 말하기를,

"본시 이 바다 가운데에 바위가 없는데 어찌해서 까치가 모
여서 울고 있는가?"

배를 끌어당겨 살펴보니 까치가 배 위로 모여들고 배 안에
궤 하나가 있었다. 길이는 20자이고 넓이는 13자나 되었다. 그
배를 끌어다가 나무 숲 밑에 매어두고 이것이 흉한 일인지 길

한 일인지를 몰라 하늘을 향해 고하였다.

이윽고 궤를 열어보니 단정히 생긴 사내 아이가 있고, 또 일곱 가지 보물과 노비가 그 속에 가득하였다. 칠일 동안 잘 대접하였더니 이에 [사내 아이가] 말하기를,

"나는 본시 용성국 사람으로 우리나라에는 원래 이십팔 용왕이 있는데, 모두 다 사람의 태에서 태어나 5~6세 때부터 왕위에 올라 만민을 가르치고 정성(正性)을 닦았습니다. 그리고 팔품(八品)의 성골이 있지만 그들은 고르는 일이 없이 모두 왕위에 올랐습니다. 그때 부왕 함달파(含達婆)가 적녀국(積女國)의 왕녀를 맞이하여 왕비로 삼았는데 오래도록 아들이 없으므로 자식 구하기를 기도하여 7년 만에 커다란 알 한 개를 낳았습니다. 이에 대왕이 군신들을 불러 모아 말하기를 '사람이 알을 낳는 것은 예로부터 지금까지 없었던 일이니 이것은 좋은 일이 아닐 것이다.' 하고 궤를 만들어 나를 넣고 더불어 일곱 가지 보물과 노비들을 함께 배 안에 실은 후, 바다에 띄우면서 빌기를 '아무쪼록 인연이 있는 곳에 닿아 나라를 세우고 한 집을 이루도록 해주시오' 하였습니다. 그러자 붉은 용이 나타나 배를 호위하고 여기까지 오게 된 것입니다." 하였다.

말을 끝내자 그 아이는 지팡이를 끌며 두 종을 데리고 토함산 위에 올라가 돌집을 지어 칠일 동안 머무르면서 성 안에 살만한 곳이 있는가 바라보았다. 마치 초승달 모양으로 된 산봉우리가 하나 보이는데 지세가 오래 머물만한 땅이었다. 이내 내려와 그 곳을 찾으니 바로 호공(瓠公)의 집이었다.

아이는 이에 속임수를 썼다. 몰래 숫돌과 숯을 그 집 곁에 묻어놓고 이튿날 아침에 문 앞에 가서 말했다.

"이 집은 조상 때부터 우리 집입니다."라고 말했다. 호공이 "그렇지 않다." 하여 서로 다투었다. 시비가 판결되지 않으므로 이들은 관청에 고발하였다.

관가에서 묻기를 "그 집이 너의 집임을 무엇으로 증명하겠느냐?" 하자

어린아이는 말했다.

"우리 조상은 본래 대장장이였습니다. 잠시 이웃 고을에 간 동안에 다른 사람이 빼앗아 살고 있는 터입니다. 그러니 그 집 땅을 파서 조사해 보면 알 수가 있을 것입니다."

이 말에 따라 땅을 파보니 과연 숫돌과 숯이 나왔다. 이에 그 집을 취하여 살게 되었다.

이때 남해왕은 그 어린이, 즉 탈해가 지혜로운 사람임을 알고 맏 공주를 그에게 시집보내었는데 이가 바로 아니부인(阿尼夫人)이다.

어느날 탈해가 동악에 올랐다가 내려오는 길에 백의(白衣)를 시켜 물을 떠 오게 하였다. 백의는 물을 떠 오다가 중도에서 자기가 먼저 마시고 탈해에게 드리려 하였다. 그러나 물그릇 한 쪽이 입에 붙어서 떨어지지 않았다. 탈해가 이로 인하여 그를 꾸짖자 백의는 맹세하였다.

"이후로는 가까운 곳이든 먼 곳이든 감히 먼저 마시지 않겠습니다."라고 말하자 이후에야 입에서 물그릇이 떨어졌다. 이

후로 백의는 탈해를 두려워하여 감히 속이지 못했다.

지금 동악 속에 우물 하나가 있어 세상 사람들이 요내정(遙乃井)이라 하는데 이것이 바로 그 우물이다.

노례왕(弩禮王)이 세상을 떠나자 광호제(光虎帝) 중원(中元) 6년 정사(丁巳) 6월에 탈해는 왕위에 올랐다. 옛날에 남의 집을 내 집이라 하여 빼앗았다 해서 성을 석(昔)씨라고 하였다. 혹은 까치 덕분에 궤를 열 수 있었기 때문에 새 조(鳥)를 떼고 성을 석(昔)씨로 삼았다고도 한다. 그리고 궤를 열어서 알을 깨고 태어났기 때문에 이름을 탈해(脫解)라 했다고 한다.

그는 재위 23년만인 건초(建初) 4년 기묘(己卯)에 세상을 떠났다. 소천구 속에 장사를 지냈다. 그런데 뒤에 신이 명령하기를,

"조심해서 내 뼈를 묻으라." 했다.

그 두개골의 둘레는 3척 2촌이고 몸 뼈의 길이는 9척 7촌이나 되었다. 치아는 서로 붙어 마치 하나가 된 듯하고 뼈마디 사이는 모두 이어져 있었다. 이는 소위 천하에 당할 자 없는 역사(力士)의 골격이었다. 이것을 부수어서 소상(塑像)을 만들어 대궐 안에 모셔두었다. 그랬더니 신이 다시 말하기를, "내 뼈를 동악에 안치하라." 하였다. 그런 까닭에 영을 내려 그 곳에 모시게 하였다.

석탈해의 출자에 관하여 '경향신문 뉴스메이커' 캐나다 토론토 김정남 통신원은,

"석탈해는 인도인으로 남인도 촐라왕국의 왕자로서, 석탈해는 우리말과 많이 비슷한 타밀어로 '대장장이 우두머리'의 뜻으로 그는 많은 보물과 사람을 배에 싣고 해상 실크로드를 따라 남부 타밀 지역에서 조선반도로 도착했다."

라고 보도했다.(2006.8.15. 뉴스메이커 687호)

석탈해 당시의 타밀인의 언어, 사회상 등을 분석 종합한 결과 타당성이 높아 이를 간추려 본다.

먼저 선진 철기문화와 해상무역에 앞섰던 석탈해 일족은 용성국인 타파나국 함달파왕족으로 촐라왕국 나가파티남(용성)을 해외 진출기지로 인도양에서 동쪽으로 향하여 벵갈만, 안다만, 말라카 해협을 거치며 타이, 캄보디아(부남), 베트남(점파) 등을 거쳐, 흑조류를 타고 일본 이즈모(出雲)에 도착, 갈대 벌에 머물렀다.

이들은 또 여왕이 다스리던 캄차카반도 적녀국에 머물다가 남쪽으로 내려와 박혁거세왕 39년째인 기원전 18년에 서라벌 영일만 아진포에 상륙한 것으로 보인다.

석탈해는 자신이 숯과 숫돌을 사용하는 대장장이 집안이라고 밝혔는데, 성(姓)인 석(昔)은 타밀어 석(Sok, Sokalingam)으로 대장장이를 뜻한다.

탈해(Talhe)는 타밀어로 우두머리이다. 석탈해의 다른 이름 토해(吐解)는 새의 날개로 석탈해는 대장장이의 보호자이다. 대장간 도구 단야구는 그대로 타밀어 Dhanyaku이다.

당시 촐라왕국 등은 세계 최고 품질인 우츠 강철의 생산지로써, 철의 선진국으로 동서양에 철을 수출하던 철의 실크로드 중심지였다. 남해왕의 사위 석탈해가 유리왕부터 쓰게한 왕칭 니사금(Nisagum)은 타밀어로 '대왕' 이란 뜻이다.

석탈해가 부친을 다파나국 함달파왕이라고 한 것은 타밀어로 타밀인이 가장 숭배하는 신(神) 한다파(Handappa, 시바신의 둘째 아들)로 아버지의 뜻도 있다.

남해왕의 사위가 된 석탈해는 2년 뒤, 수상인 대보(大輔)를 맡는데, 타밀어로 데보(Devo)여서, 신과 같은 막강한 자를 뜻한다.

석탈해가 처음에 대보 자리에 오르고, 석탈해가 왕위에 오르고, 대보 자리에 자기에게 집을 양보했던 호공을 발탁했는데, 신라 역사에서 대보 자리에 있던 사람은 두 사람 뿐이므로 호공도 타밀인으로 석탈해보다 먼저 왜국을 거쳐 온 사람으로 추정된다.

다파나국은 범어와 타밀어로 태양을 뜻하는 다파나(Tapana)여서, 태양국 즉 촐라왕국의 별명이다.

용성국(龍城國)은 촐라왕국 가운데, 철기제작 도시 나가파티남(Nagappattinam)이다. 나가는 용이며, 파티남은 도시여서 촐라왕국을 용성국으로 지칭한 것 같다.

석탈해왕 후손들은 신라가 백제를 멸망시킨 2년 후에 갈등을 빚자 신라 정부의 압력으로 일본 시마네현 이즈모로 대대적인 추방을 당했다.

『삼국유사』 '김알지'

영평(永平) 3년 경신(庚申, 60년) 8월 4일 호공(瓠公)이 밤에 월성 서리를 걸어가는데 크고 밝은 빛이 시림(始林) 속에서 비치는 것이 보였다. 자줏빛 구름이 하늘로부터 땅에 뻗쳤는데, 그 구름 속에 황금 궤가 나뭇가지에 걸려 있었다. 그 빛은 궤 속에서 나오고 있었다. 또 흰 닭이 나무 밑에서 울고 있었다.

이 모양을 호공은 탈해왕에게 아뢰었다. 왕이 친히 그 숲에 나가서 그 궤를 열어 보니 사내 아이가 있었는데, 누워있던 아이가 바로 일어났다. 이것은 마치 혁거세의 고사와 같았으므로 그 말에 따라 그 아이를 알지(閼智)라 하였다. 알지란 곧 우리말로 아이(小兒)를 일컫는 것이다. 왕이 그 아이를 안고 대궐로 돌아오니 새와 짐승들이 서로 따르며 기뻐하면서 뛰놀고 춤을 춘다.

왕은 길일을 가려 그를 태자로 책봉했다. 그는 뒤에 태자의 자리를 파사(婆娑)에게 물려주고 왕위에 오르지 않았다. 금상자에서 나왔다 하여 김(金)씨를 성으로 삼았다.

알지는 열한(熱漢)을 낳고, 열한은 아도(阿都)를 낳고 아도는 수류(首留)를, 수류는 욱부(郁部)를 낳고 욱부는 구도(俱道, 구도仇刀라고도 한다)를 낳고 구도는 미추(未鄒)를 낳았다. 김미추가 왕위에 올랐다. 이리하여 신라 김씨는 알지에서 시작된 것이다.

경주 김씨의 시조인 김알지는 황금부족 알타이족으로 흉노 휴도왕의 큰 아들 투후 김일제의 4대손이다. 반도로 건너온 김알지는 마한의 왕족으로 수상 자리에 있었고, 백제와의 싸움에서 졌으며, 그에 따라 마한장수 맹소가 61년 8월 복암성을 신라에 바치고, 신라에 귀순함으로써 마한 부흥운동은 막을 내리고, 김알지도 신라에 귀부했다.

석탈해는 김알지를 양자로 삼아 왕자로 했으나, 김알지는 왕위에 오르지 않고, 박, 석, 김 세력 연합으로 제 5대왕에 박씨인 유리왕의 차남 파사를 추대하고, 김알지의 손녀이자 귀루갈문왕의 딸인 사성부인을 파사왕 왕후가 되게 하였다.

김알지의 6대손인 김미추가 처음 13대 왕위에 오르는데, 이는 전왕 첨해왕이 아들이 없자, 그의 왕비였던 김옥모가 고구려 중천제 힘을 빌어 자기 친정동생 미추를 왕으로 적극 밀었던 탓이었다.

역사를 만든 권력과 사랑을 누린 묘한 여인이 김옥모 태후이다.

그의 부친은 김알지의 후손인 김구도이다.

김옥모는 신라 11대 석조분왕과 12대 석첨해왕의 어머니로, 첨해왕의 누이인 정(精)을 고구려 중천태왕에게 후궁으로 보냈고, 중천은 정을 월가회 월선으로 삼았다. 그런 인연으로 서기 251년 10월 김옥모가 첨해왕과 함께 고구려에 입조하니, 월정과 합석한 큰 잔치를 벌였는데, 중천과 옥모는 첫 눈에 반했고, 중천은 금팔찌, 담비가죽, 백마, 쌍봉 낙타 등 40여 가지를 선물하고 신라에 죽령땅을 되돌려 주기로 했다.

서로 정을 통해 달가(안국군)라는 아들을 낳았다. 중천태왕에게 김옥모는 장모이자 아내였다. 또 서기 255년에는 백제 고이왕이 신라를 침범하고 봉산성을 장악하자, 김옥모는 중천태왕을 찾아가 구원을 요청했다.

이에 중천이 백제 침공을 막아주기도 했다. 그러다가 석첨해 왕이 후사 없이 죽자, 석조분의 적장자가 있어도 제외시키고, 고구려 중천태왕에게 이야기해 자기 친정 동생인 김미추를 왕위에 올리자고 했다. 고구려가 사실상 상위국이었던 것이다.

서기 262년 1월 25일, 고구려 중천태왕은 대신 명림어윤을 신라에 보내 김미추를 '신라국 황제'에 임명했다. 이로써 김알지 이후 200년 만에 김씨가 드디어 신라 최대 수의 김씨 왕이 된 것이다.

| 제 2장 |

가야의 건국과 국제결혼

가야연맹왕국(6가야연맹)은 서기 42년 김수로왕이 신답평(지금 金海)에서 아도간 등 9간회의의 추대를 받아 즉위함으로써 시작되었다고 삼국유사 가락국기는 전한다. 고주몽, 박혁거세, 김알지, 김수로는 모두 천강난생(天降卵生) 신화로 시작된다.

여기에는 김해 구지봉(거북봉)에서 천강난생 신화가 있고, 아도간 등 구간들의 영신가로서 춤을 추고, 노래하는 구지가가 있다.

구지가는,

' 거북아 거북아 머리를 내놓아라.

만약 내어놓지 않으면,

구워서 먹으리. ' 이다.

가야사 약 520여 년 가운데 4세기 말까지는 6가야 중 금관가야(김수로왕부터 이시품왕까지), 5세기부터 6세기 말까지는 북쪽의 대가야(고령 중심)와 남쪽의 아라가야(함안 중심)가

주도적인 역할을 하였다.

가야사 초기에 있어 제일 중요한 문화적 사건은 민족 고유의 신선도에 불교가 처음으로 전래되어 백성들이 선불습합(仙佛習合)적 생활을 영위한 것이다.

김수로왕과 국제결혼한 부인 허황옥 왕후와 그의 오빠 장유화상(보옥선인) 등이 인도 아유타(아요디아)를 인연으로 중국 보주에서 살다가 파사석탑과 불경 등을 가지고 들어와 한국에 처음으로 불교를 전래하였다.

김수로왕과 허왕후 사이에 난 묘견공주와 선견왕자는 왜(倭)의 구주로 건너가 야마대 정권을 장악하고 불교를 전했다.

전설에 가야 산신인 정견모주(正見母主)가 이비가 천신과 관계하여 아들을 낳았는데, 하나는 일뇌실주일인 이진아고(伊珍阿鼓)로서 대가야국을 건국했으며, 뒤에 일본에 건너가 신화시대의 이장낙존(이자나기)으로 불리었고, 또 하나는 일뇌실청예인 김수로왕으로서 금관가야를 건국하였다고 한다.

실제는 한나라 때 흉노 휴도왕의 둘째 아들이 김륜이고, 그 자손이 안상 → 창 → 섭 → 융으로 이어지고 융의 아들이 김수로왕이다. 김륜은 김일제의 동생이다.

허황옥 왕후가 출현할 당시 중국 후한시대에 사천성 안악국(普州, 허왕후를 보주태후라 부름)에는 기원20년경 쿠샨왕조의 군정벌로 인도 아요디야국에서 쫓겨온 허씨들이 집성촌을 이루며 안악국을 다스려 왔다.

우리는 앞에서 한나라 허광한의 후손인 허신과 고주몽, 소서노 사이에서 낳은 고대아가 혼인하여 안악국으로 가서 아들 허보옥과 딸 허황옥을 낳았다고 보았다.

그런데, 후한서에는 서기 47년 사천 촉지방에서 신전에 쌍어를 모시는 소수민족 신앙집단이 탄압을 당하자 허성을 지도자로 반란을 일으켰다가 진압당하고, 무창지방으로 강제 이주당했음을 기록하고 있다. 허씨 가운데에는 사제인 종교지도자들이 있었으며, 허보옥, 허황옥은 그 일족이었다.

강제로 이주당한 사람들은 무창지방에서 쌍어문 신전을 짓고 살았으나, 허황옥 일행은 양자강을 따라 배를 타고 내려가 황해 바다를 건너 김해 가야국에 도착하여 허황옥은 김수로왕과 국제결혼한 것이다.

붉은색 범선(돛배)과 파인들의 '붉은색 숭배' 허씨는 파인의 후예다. 기원48년 7월 27일 허황옥이 탄 붉은색 범선이 가야국 망산섬 별포진에 상륙한다. 8월 1일 김수로왕과 결혼하여 왕비가 된다. 수행인은 신보, 조광 등 20여 명이었다.

김해 가야 김수로 왕릉

허씨가 탄 '비범(緋帆)을 올린 배(붉은 색의 돛)'에서 볼 수 있듯이 허씨는 파인의 후예라는 것을 알 수 있다. 파인은 붉은색을 숭배하는 습관이 있어 붉은색으로 장식하기 좋아한다. 「후한서」 남만서남이열전의 기록에 따르면 파군, 남군의 만이족은 원래 5개 성씨가 있는데 이 성씨들은 무락종리산에서 기원되었다. 이 산에는 붉은색 나는 동굴과 검은색 나는 동굴이 있었다.

파씨 성은 붉은색 동굴에서, 기타 성은 검은색 동굴에서 태어났다. 파씨의 무상이 기타 성을 이기고 부락의 군으로 되었다. 파인들은 붉은색을 좋아했으며 부사를 캐는 데 능숙했다. 뿐만 아니라 파인들은 싸울 때 무기, 갑옷도 붉은색으로 칠하기 좋아하며 심지어 자신의 몸이나 머리카락도 붉은색으로 물들인다. 제갈량도 파인들을 군사로 모집하여 전쟁에 보냈는데 용감무쌍하게 싸웠다. 지금의 사천성 봉절성 서쪽에 적갑산자가 있는데 한나라 시기 파인들이 붉은색의 갑옷을 입고 이곳에 주둔하여 전해진 이름이다.

역사 문헌에는 파인들의 후예를 만, 혹은 료(僚)라고 했다. 기원 101년에 반란을 일으킨 무만 허승도 파인의 후예다. 사천대학 역사학과 몽문통 교수의 '백월민족고'에 따르면 촉나라가 파인을 멸망시키자 파씨 형제 5명이 각각 귀주 중부 월수, 진, 무(武), 원(沅), 무(巫) 등 5계(溪)로 들어가 5계의 두령이 되었다고 적혀 있다.

파씨의 다섯 형제를 후에 5계만이라고 부른다. 이로부터 무만 허승은 파인들의 후예라는 점을 알 수 있으며 파인 중에서 허씨 성이 존재했음을 알 수가 있다. 요인들이 주사를 잘 채집하는 점 등 면에서 파인들의 후예라고 할 수가 있다.

남북조 시기 보주의 안악에는 요인들이 있었다. 「안악현지」에는 군요에게 금인이 있는 책을 하사했다고 적혀 있는 점으로 보아 요인들은 파인의 후예라는 것을 알 수 있다. 이로부터

허황옥 왕후가 가져온 파사석탑(허왕후릉 옆에 보존)

허황옥은 보주 안악의 파인 후예라고 할 수 있다.

파군은 진나라 때에 세워졌다. 진혜왕 22년(기원전 316년) 장의가 파를 멸망시키고 파군을 세웠는데, 지금의 중경 일대를 말한다. 「사천군현지」를 찾아보면 한나라 때 안악은 파군 절강현(지금의 합천 일대)에 속했다는 것을 알 수 있다. 김병모 교수는 파군이 바로 파주이며, 파주는 또 파중현이며, 파주가 바로 보주라고 인정하고 있으나, 곽말약의 「중국사고지도집」에 보면 파군은 지금의 중경이고, 파중현은 동한 시기에 한창현이며, 보주의 안악은 파군에 속한다.

파군은 보주를 설치하기 전에 보자군을 설치했으며, 그 뒤로 보강군을 설치했다. 이는 바로 안악이 자고로 보라고 불리었기에 보자군, 보주, 보강현 등 보자를 가진 군, 주, 현이 설치되었다. 허황옥을 따라 입궁한 신보, 조광은 가락국에서 관직

을 담당했으며 천부경 신보의 딸 모정이 거등왕의 왕비가 되었다. 즉 김수로왕과 허황옥의 며느리였다. 종정감 조광의 손녀 호환은 마품왕의 왕비로서 김수로왕과 허황옥의 손자며느리로 되었다. 허황옥이 죽은 다음 신보, 조광, 모정, 호환 등은 중국 전통 시호법과 지역 명명법에 따라 지명법의 방법으로 허황옥의 출생지인 '보' 뒤에 습관적으로 주를 달아서 '보주태후'라고 했다.

한편, 가야사를 연구하고 파사석탑을 복원한 김해 금강병원장 '허명철 박사' 등은 허왕후 일행이 인도 아요디야를 출발하여 해상 실크로드를 따라 인도양-탐록-니코발군도-수마트라-중국-김해 금관가야의 과정을 거쳤다고 주장하였다.

허박사는 보주는 넓은 땅이나 훌륭함을 나타내는 뜻이어서, 허황옥을 보주태후라 했다 한다. 2007년 주한 인도대사 '파르타사라티'는 삼국유사 가락국기에 나오는 김해의 파사석탑을 보고, 허황옥을 주인공으로 하는 '비단황후'라는 소설을 썼는데, 허황옥은 인도 우타프라데사 주의 아요디야의 '슈리라트나 공주'라고 쓰고, 김수로왕과의 국제결혼을 상기시켰다.

앞서 언급한 바와 같이 스리랑카에는 김수로왕 설화와 같은 비자야왕 설화가 있다. 기원전 6세기 비자야왕이 판디야 왕국 야소다라 공주와 함께 인도에서 거북모양 배를 타고 바다건너 스리랑카로 가서 싱할리 왕국을 수립한 것이다.

김수로왕과 허황옥 왕후는 거등왕 등 10남 2녀를 두었는데, 그 가운데 아들 둘은 거등왕과 진례성주 거칠군이고 딸 하나는 석탈해왕의 아들 구추의 부인(벌휴왕비)이 되었고, 다른 딸인 묘견공주(妙見公主)는 남동생인 선견왕자(仙見王子, 일본에서는 武內宿彌) 그리고 7불왕자와 가야인 3천명을 이끌고 거북선을 타고 일본으로 가 구주 구마천 팔대(八代)시 부근에 상륙하였다.

이 묘견공주가 야마대 정권의 중애천황과 국제결혼하고, 야마대국을 69년간 강력하게 다스린 신녀(神女) 신공황후(神功皇后)이다. 그 당시 한, 중, 일 동양 3국의 여걸로 신라정벌설을 낳은 그녀는 히미꼬(卑彌呼, 日巫女, 日神女)라고도 불리었다.

일본 쿠마모토현 팔대시에는 당시에 세운 '가야인 상륙기념' 돌비가 지금까지 서 있고, 일본 최초의 신궁인 묘견신궁(妙見神宮)이 있다. 묘견신궁은 묘견궁, 팔대신사, 백목묘견사 등으로 불리며, 천우중주존인 태상왕 김수로왕을 주신으로 모시고 있다.(졸저, 사국시대 신비왕국 가야, 우리출판사 참조)

삼국사기 이래 말살, 왜곡된 가야사는 8.15 해방 후 40년이 지나 가야의 유물, 유적들이 본격적으로 발굴됨으로써 복원되기 시작하였다.

김해 양동리 · 대성동 · 예산리 · 부원동, 고령 지산동 · 고아동, 진양 대평리, 부산 괴정동 · 복천동, 성주 성산동, 영주 순흥면 태압리, 대구 인동, 안동 마동, 창녕 교동 등의 고분군 등에서는 도질토기 · 사질토기 · 고배 · 개배 · 장경호 등 도자기와 철정, 철제갑옷, 철검, 철촉, 철제 마구류, 환두대도, 은제,

금동제 아구류, 파형동기, 옥제품 등이 발굴되었다.

가야 철광은 양산, 동래, 김해, 마산, 창원, 진해, 고성, 태천 등지에 있었으니, 가야 철기문화와 기마민족국가를 가능하게 한 요인이다.

가야 최고의 기술적 생산품은 철갑옷인데, 한반도 철갑옷의 90%가 가야지역에서 발견된다.

가야의 토기와 철기는 배를 타고 일본, 중국 등지로 전파되었다.

서기 5세기 일본열도에는 가야의 정결기법에 의한 새 철갑옷이 출현되었다.

일본지역에 있어 가야 세력권의 나라 등 기내지역에 진출한 것은 가야의 토기가 일본 수혜기와 토사기의 원류라는 고고학적 사실에서도 드러난다.

토사기는 가야의 연질적색토기 계통이고, 수혜기는 가야의 도질토기 계통인 바, 대구·현풍 등 낙동강 유역에서 나온 밭의 천패총에서 나온 광구 환저호 등과 같은 질감과 도형의 토사기가 일본에서 출토되었다.

또 김해 패총이나 웅천 패총에서 출토된 회청색 경질 토기인 수혜기와 같은 것이 일본 나라현, 오오사카 고분 등지에서 출토되는 것으로 보아, 일본 수혜기의 원류는 낙동강 유역인 가야지역이며, 그러한 일본의 토기들은 가야지방에서 건너간 도공들에 의하여 만들어졌을 것으로 추정된다.

삼국유사 가락국기, 이능화의 조선불교통사 김해읍지 등에 의하면, 가야에 불교가 처음 전래되면서 차(茶)문화도 같이 들어와 가야인은 다선일여의 멋진 문화를 창출하였는데 금강

곡에서 나는 가야황차(일명 장군차)가 특히 유명했다.

가야황차는 청정한 맛과 살풋한 향기를 뿜으며, 노란빛을 띠는 중앙토의 차(中央土 黃色)라고 할 수 있다.

일본인들은 김해에서 구운 잔의 그 세련된 곡선미 때문에 김해차완(金海茶碗, 긴카이 차완)을 보시기(甫見)라 하여 보물로 취급하고 있다.

가야의 대외전쟁을 보면, 먼저 마산만 연안의 포상 8국과 함안의 아라가야 세력의 싸움인 아라가야 전투(서기 209~212년)가 떠오른다.

성세를 거듭하던 가야제국은 포상8국(浦上八國)이 단결하여 아라가야 등을 침공함으로써 흔들리고 세력이 약화되기 시작하였다.

묘견공주 신공황후는 도왜하여 중애천황후가 되고, 구마소 정벌에 나선 후 중애에게 신라정벌을 권했으나, 중애가 이를 거절하자 그를 돌아가게 하고 스스로 왕이 되어 야마대 정권을 잡고, 야마대가 가야의 분국이 되었다. 그녀는 결국 29개 소국을 통솔하는 대왕이 된다.

일본서기에는 신공황후가 2차례 신라를 정벌하고, 왕의 항복을 받은 것으로 되어 있으나, 삼국사기에는 '왜국여왕 히미꼬가 사신을 보냈다.(아달라왕 20년)', '아라가야전투(나해왕)', '왜병침투를 이찬 석우로가 사도에서 물리침(조본왕 4년)', '왜인이 쳐들어와서 크게 싸우고 각간이자 병마사를 맡은 서불감 석우로(흘해왕 부친)를 죽였다.(첨해왕 3년 4월)' 라고 나타나 있다.

신공황후 히미꼬는 조선반도의 국제분쟁인 신라, 가야, 백제,

포상 8국 사이에서 우선 부모국가인 금관가야의 요청에 따르고, 다음에는 가야, 백제, 야마대왜 연합군으로 그 역할을 한 것으로 보인다.

신공황후는 대마도에 있는 세가라를 통일하고 대륙전쟁에 나섰다.

야마대는 또 탁순국을 평정하고 탁순국에서 백제, 가야, 야마대연합군이 신라를 치기도 하였다.

서기 209년 추월산(秋月山) 마산만 연해안 등에 위치한 골포, 양포, 고사포, 보라국, 고자미동국, 사물국 등 포상8국이 연합하여 그 배후에 위치한 아라가야를 침공하자, 가야 왕자가 신라에 구원을 요청하였고 이에 내해왕의 왕명에 따라 출동한 태자 우로(于老)와 이벌찬 이음(利音) 및 6부 장병이 8국 장군을 격살하고 이들에게 사로잡힌 6,000여 명의 가야 병사를 귀환시켰다.(석우로의 부인 ＝ 명원命元 부인)

대외 전쟁 기사에서 가야의 군사력이 수치로 나타난 사례가 있다. 《신라본기》 지마 이사금 4년(서기 115년) 조에 가야가 신라 남쪽을 침입한 데 대한 보복으로 보기병(步騎兵) 1만을 동원하여 두 차례나 가야를 공격했지만 가야는 이를 잘 물리칠 정도의 병력을 갖고 승리했다.

또한 고구려 광개토대제 비문 영락(永樂) 10년 조에는 임나가라(任羅加羅)・안나가라(安羅加羅)・백제・왜 등이 신라를 공격하자(서기 399년) 신라는 광개토대제에게 구원을 요청하였다. 광개토대제는 이에 응해 이듬해 보병과 기마병 5만을 보내어 신라 국경에서 성터를 부수는 등 가야・백제・왜의 연합군을 격파하고 가야토벌에 나서 낙동강 중류와 임나가라까지 추격하여 섬멸하였다. 이때 연합군의 중심이 가야군이었으므로 원정군인 백제와 왜군은 적고 가야의 병력이 상당하였으리라 생각된다.

또 대가야와 백제의 연합군이 신라 진흥왕 15년(서기 554년)에 신라와 관산성(管山城, 지금의 옥천)에서 전투를 벌인 결과 연합군의 전사자가 29,600명이었다고 하는 것으로 보아 대가야의 군사가 상당했을 것으로 보이며 이 전쟁 후 8년 만에 대가야가 무력하게 패망하는 것은 이때 대가야 군사의 대부분을 잃었기 때문인 것으로 짐작된다.

가야 고분에서 출토된 무기는 갑주(갑옷과 투구), 활(弓), 시(矢), 창(槍), 모(矛), 검(劍), 도(刀), 도끼(斧), 개지극(皆枝戟 : 갈라진 창) 등 철기문화가 대부분이고, 가장 많이 발굴된 무기류는 도자(칼)로 대도에는 소환두, 삼엽환두, 용환두 등이 있으며, 창에는 쌍모(두가닥 창), 삼지창(세가닥 창) 등이 있고, 개지극은 '가지 있는 갈구리창'을 말한다.

낫(鎌)은 농기구이지만 걸어 당기는 무기로서 중요한 역할을 했고, 마구류(馬具類)로는 의성 탑리 제5묘각과 고령 지산동 45호 고분 등에서 처음 출토된 말투구, 재갈멈추개 등을 비롯하여 김해, 함안, 부산, 복천동 고분, 합천면 옥전 고분 등에서 많이 출토됐는데, 특히 옥전 고분에서는 금동제 관모, 철제 비늘 갑옷류, 금동제 말안장, 용봉(龍鳳)으로 장식된 4개의 환두대도 등이 출토됨으로써 기마병이 강했음을 보여준다.

가야연맹 왕국 초기에 6가야는 처음 김해, 고령, 성산, 함안, 고성, 함창 등을 중심으로 발족했으나, 약 20년 후에 고령가야와 성산가야를 신라에 빼앗겼다.

그 후 장수가야가 생장하는 등 여러 가지 흥망성쇠가 있었으나 신라 법흥왕(19년, 서기 532년)은 본가야를 군사적으로 병합시켰다.

이때가 본가야 10대 구형왕 42년이었다. 그 후 서기 540년대의 가야 지역은 대가야와 아라가야를 중심으로 남, 북 2원 체제로 갈라져 있으면서도 신라, 백제 등의 압박에 공동 대처하기 위해 외교적 노력을 기울이고, 임나복국회의도 열어 복국운동에 나서기도 했다.

대가야는 월광태자인 9대 도설지왕 때(서기 562년) 신라에 병합되었고, 아라가야도 서기 550년에 백제의 부용국이 되었다가 이때 함께 망했고, 마지막 아라가야왕(응신)과 그 일족이 일본 야마도(大和) 정권을 세웠다.

가야는 멸망했으나, 민족의 얼을 소리로 전해주는 우륵의 가얏고(가야금)는 그 생명력을 현대에 이어주는 긴 울림을 남기고 있다.

제 3장

한국불교의 가야초전

불교가 한국에 처음 공식 전래된 것은 전진의 스님 순도(順道)가 고구려 소수림왕(小獸林王) 2년(서기 372년) 불상과 경문을 가져온 것으로 알려져 왔다. 「삼국유사」에는 순도조려(順道肇麗, 순도가 고구려 불교를 처음 일으킴), 난타벽제(難陀闢濟, 마라난타摩羅難陀라는 호승이 백제불교를 처음 열었음, 침류왕 원년 서기 384년), 아도기라(阿道基羅, 아도가 신라불교의 기초를 닦음, 서기 528년)라고만 기록되어 있지, 맨 처음 한반도에 불교가 어떻게 전래되었는지에 대하여는 언급이 없다. 이는 「삼국사기」 등이 가야 역사를 묵살한 결과일 뿐, 실제로 불교가 처음 전래된 것은 아유타 공주인 허왕후가 오빠인 장유화상(長遊和尙)과 같이 불탑인 파사석탑(婆娑石塔) 등을 가지고 가야에 온 서기 48년으로 종래설보다 324년이 앞서게 된다.

우선 기존 불교의 전래설에는 문제점이 있으니, 그것은 처음 전래된 민간 전래(私傳)를 중심으로 삼지 않은 점이다. 이는 민간전래 후 변용과정을 거쳐 국가가 공인한 국가적 전래(公傳)를 중심으로 삼아, 초전자의 전도 활동을 전래의 시원으로 삼는 관례에 어긋난 것이므로, 종교 전래는 공사 간에 처음 전래해 온 것을 초전으로 삼아야 하겠다.

가야불교 초전의 주변 사정을 보면,

(1) 허왕후가 거쳐 온 보주普州가 있는 이웃나라인 중국에서 불경이 처음 전수된 것은 서한 애제 1년(기원전 2년) 진경헌(秦景憲)이 서역의 대월지 사신 이존(伊存)으로부터 부도경을 구두로 전수받은 때이다. 중국에 불교가 전래된 것이 기원전 2년인 것과 비교할 때 허왕후와 장유화상이 중국 보주에서 우리나라에 온 서기 48년 전래설은 결코 빠르다고 할 수 없다. 불교의 자연스런 전래 가능성을 추측케 한다.

(2) 「삼국사기」에는 가섭불연좌석(迦葉佛宴坐石)이라 하여 경주 황룡사 터에 석가모니불 이전의 부처인 가섭불이 앉았던 돌이 있다고 했으며, 「묘법연화경(妙法蓮華經)」 관세음보살보문품(觀世音菩薩普門品)에도 금강산 애기가 있고 「화엄경(華嚴經)」에는 태초 이래 금강산에 법기보살(法起菩薩)이 있어 중생을 계속해서 제도한다는 기록이 있다.

(3) 김수로왕이 개국 초에 불교에 관해 알고 있었다는 기록이 있다. 「삼국유사」 가락국기를 보면 김수로왕이 신궁이 있는 신답평에 가서 16나한(羅漢, 불교의 성자)이 머물만한 땅이라고 했으며, 「삼국유사」 어산불영에는 가야 만어산에 5나찰녀가 옥지 독룡과 통하고 농사를 못 짓게 하자, 수로왕이 주술로도 물리치지 못하여 부처님에게 설법을 간청하여 5계를 나찰녀에게 준 뒤 독해가 없어지게 되었다는 기록이 있다.

(4) 고려 명신 법
희거사 민지(閔漬)
가 지은 금강산 유
점사 사적기 등의
기록에는 53존(尊)
의 불상이 인도로
부터 바다로 금강
산 동해안 포구에
닿았으며(서기 4
년), 강원도 양양
낙산사에는 인도
남부 포타라 관음
신앙이 남쪽으로

석가 세존이 대각한 인도 부다가야 대각사 보리수 앞에서 저자

바다를 건너 들어왔다 한다.

우리나라에 처음 불교가 전래된 것이 1세기 가야국이라는
근거는 다음과 같다.

(1) 「삼국유사」 가락국기와 금관성의 파사석탑조에는 불교
국가로서 석가모니가 설법했으며, 승만부인을 성불케 한 인도
아유타야와 인연이 있는 허왕후가 불탑인 파사석탑을 싣고 와
서 호계사(虎溪寺)에 처음 세웠다는 기록이 있다. 우리나라에
서 나지 않는 파사석으로 된 불탑은 지금 일부가 마모된 채
허왕후릉 앞에 엄연히 세워져 있다. 파사석으로 조성된 이 석
탑은 틀림없는 불탑으로 그 탑을 싣고 온 것이 사실이라면 그
때 불교가 전해진 것으로 보아야 할 것이다.

(2) 학자에 따라 다른 견해도 있으나 가야(伽倻)라는 국명이 불교적인 것으로 부처님이 성도한 인도 가야(Gaya)에서 따온 것이며 인도어로 코끼리 또는 절(Temple)이라는 뜻이 있으므로, 가야국의 국명 유래 과정을 보아도 불교가 가장 먼저 도래된 것으로 추정된다.

(3) 김해 불모산(佛母山) 장유암(長遊庵 또는 長遊寺)에는 허왕후 오빠인 장유화상 보옥선사(寶玉仙師)의 화장터와 사리탑 및 기적비가 있다.

지금 김해 주변의 가야 지역에는 그 밖에도 장유화상의 흔적이 많은데, 장유면(長有面, 長遊面에서 일제시대 변형), 장유산(지금의 태정산), 장유사 등의 지명이 있고, 칠불사는 서기 103년에 창건됐다고 한다. 김수로왕의 7왕자는 외삼촌인 장유화상을 따라 가야산에서 수도를 하여 신선이 되고 의령 수도산, 사천 와룡산과 구등산을 거쳐 기원 101년 지리산 반야봉 아래 운상원을 짓고 정진을 계속하여 2년 만인 103년 8월 15일 성불하였다고 한다. 그들의 이름은 금왕광불(金王光佛, 慧眞)·금왕당불(金王幢佛, 覺初)·금왕상불(金王相佛, 知鑑)·금왕행불(金王行佛, 等演)·금왕향불(金王香佛, 杜淳)·금왕성불(金王性佛, 淨英)·금왕공불(金王空佛, 戒英) 이라 했다.

김수로왕이 이 소식을 듣고 그 자리에 절을 지어 칠불사라 했는데, 이는 지금 경남 하동군 화계면 법왕리에 있으며, 이곳에는 장유화상의 부도와 최초의 선원으로 한번 불을 때면 겨우내 따뜻한 '아(亞)자방' 등이 있다.

(4) 장유화상이 불교를 전래할 때 어떤 불경을 가져왔다는 확실한 기록은 보이지 않으나 불탑을 가지고 오고 불경은 가져오지 않을 리가 없으므로, 「삼국유사」 어산불영의 기재로 보아 「관불삼매해경」, 아유타국이 불교국가로서 왕비 승만이 성불하여 널리

김해 장유암의 장유화상 사리탑

포고한 것으로 보아 「반야심경」, 「승만경」, 허왕후의 딸 묘견 공주가 일본 묘견신궁에 남긴 '옴마니 반메훔'이라는 산스크리트어 주문으로 보면 「밀교경(密敎經)」이나 「관음경(觀音經)」, 우리나라 금강산과 법기보살과의 관련 등으로 보면 「금강경」, 「법화경」, 「화엄경」 등을 가져왔거나 그 중 몇 개를 가져왔을 것으로 추정된다.

(5) 불교가 가야에 전래되면서 김수로왕 때부터 많은 불교 사찰이 세워진 것으로 보인다. 신어(神魚)는 아유타국과 가야국의 상징이다. 김해에 있는 신어산은 선어산으로도 불리는데, 신어산에는 가야 건국년에 서림사(西林寺, 즉 은하사)가 창건되었다. 그 뒤 건너편에 동림사(東林寺)가 세워졌다. 만어사(萬魚寺)는 「한국사찰전사 권상노(權相老)편」을 보면 김수로

왕 5년에 창사되었다고 한다. 그러나 「삼국유사」 어산불영조
에는 고려 명종 10년 때 창건되었다 하여 차이를 보이고 있다.

(6) 지금까지 발견된 가야불교의 전래에 관한 유적으로는
명월사지에서 출토된 조선 광해군 때의 기와가 있는데 '건강
원년(健康元年) 갑신(甲申) 삼월남색(三月藍色) …' 이라는
글자가 새겨져 있어 김수로왕 103년임을 입증해 주었다. 초선
대 금선사(金仙寺)의 마애불상과 부처님 발자국은 인도 부다
가야의 부처님이 성도한 절 대각사(大覺寺)의 불상, 불족적과
동일한 성격이어서 서역불교가 가야불교에 직접 전래되었음
을 알게 해준다.

(7) 현대에 발굴된 옥전 고분 등 가야 초기의 고분과 김해
회현동 유적지 등에서는 구슬 목걸이로 염주라는 불교 장엄구
가 많이 발견되고 있으며, 불교를 상징하는 만형동기(卍形銅
器, 일명 巴形銅器)도 많이 나오고 있다.

「삼국유사」 탑상 제 3조에 금관성 파사석탑(金官城 婆娑石
塔)이 있다. 이 내용을 살펴보면 금관 호계사의 파사석탑은
옛날 이 고을이 금관국으로 되어 있을 때 김수로왕의 비 허왕
후가 서기 48년에 서역 아유타국에서 싣고 온 탑이라고 되어
있다.
오늘날 허왕후 능침 곁에 있는 이 5층 석탑은 그 형상이 단
순한 돌덩이로만 보이고 있으며 지방문화재에도 등록되어 있
지 않다.

삼국유사 기록을 살펴보면, 이 파사석탑은 수로왕의 비 허황옥이 인도 아유타국의 공주로서 왕비가 되기 위하여 가락국으로 항해하여 올 때 가져온 것이다. 허황옥 공주가 양친의 명을 받들어 바다를 건너 가락국으로 올 때 파신(波神)의 노여움을 만나 항해를 할 수 없어 다시 돌아가 부친께 사실을 고하니 부왕께서 이 탑을 싣고 가게 하므로 그제서야 무사히 항해하여 금관국 남쪽 해안에 도착할 수 있었다고 한다. 이 탑은 모진 4면 오층이고 조각이 매우 기이하며 돌은 조금 붉은 빛의 반문이 있고 질도 좋은데 우리나라 것이 아니다. 본초강목에 이른바 닭 벼슬의 피를 찍어서 시험한다 한 것이다.

파사석탑에 가장 많은 관심을 갖고 연구하여 그 원형을 복원한 분은 「가야불교의 고찰」이라는 저서를 냈으며, 김해 금강병원 원장인 허명철 의학박사(국사찾기협의회 부회장)이다.

허왕후의 후예인 허박사는 1980년대에 6개월 동안 2백여 회 파사석탑을 찾아 7층 돌을 하나하나 어루만지며 관찰하고 가야사를 확립하는 차원에서 늘상 잊지 않고 기도를 올리며 탐구를 하였다.

그는 7개의 돌을 분해하고 각종 실험을 한 끝에 인도의 동굴사원 아잔타 엘로라 동굴에서 볼 수 있는 축소형 탑과 같은 것으로 검증했는데, 역삼각형의 불탑이었다.

그는 실험 결과 석질(石質)이 우리나라의 것이 아니라고 하였다. (닭 벼슬 피로 파사석을 실험하였는데 파사석 부분은 물기가 계속 남아 있고, 돌가루를 태워보니 유황냄새가 났다) 진풍탑(鎭風塔)인 파사석탑의 모양은 사면 오층탑이었다.

그러므로 이 탑은 또 불교의 성지인 인도 아유타국에서 가

야에 불교를 전한 탑이라는 것이다.(허명철, 삼국유사에 기록
된 가야불교 참조할 것)

이 파사석탑은 한국 불교의 1세기 가야 초전과 함께 가야사
와 민족사의 확립 등을 나타내는 물증인데 강단의 사대 식민
사학자들은 거의 외면하고 있다.

제 4장

묘견공주 남매들의 도왜

　일본 열도에의 불교 전파는 「일본서기」 흠명기 13년 임신(서기 552년) 동 10월 조에 "백제의 성명왕(聖明王)이 서부 희씨 달솔(達率) 노리사치계(奴利斯致契) 등을 보내어 석가불의 금동상 일구, 번개 약간, 경론 약간 권을 헌정했다." 라고 기록하고 있는데, 이것이 일본 고대사에서 일반적으로 인정하는 불교 공전의 기록이다.

　백제로부터 불상과 불구(佛具)가 전해지자 흠명왕(欽明王)이 기뻐서 어찌할 바를 모르는 정경이 묘사되고 있다. 만약 불교가 무엇인지 한 번도 들어보지 못했다고 한다면, 아무리 친한 인국으로부터 보내온 것이라 하더라도 환희하여 날 뛸 수는 없을 것이므로, 그 이전에 야마대 정부의 사신들이나 사인(私人)의 왕래 등을 통하여 불교가 무엇인가를 들어서 익히 알고 있었던 것으로 추정된다.

　실질적으로 일본에 불교가 전파된 것은 이보다 훨씬 앞선 서기 70년경부터 200년경으로 추정된다. 이는 불교의 가야 초전 1세기설에 따라 아유타국 공주 허왕후, 장유화상 등이 서기 48년에 가야에 불교를 전래하였고, 김수로왕과 허왕후의 딸인 묘견공주가 8명 남동생들과 함께 서기 200년 구주로 건너가 정권을 잡고, 신도(神道)와 함께 불교를 전파했다. 야마대 불교초전은 구주 웅본현(九州熊本縣) 팔대시(八代市) 구마천(球磨川)과 환산(丸山)의 영부사당(靈符祠堂) 즉 묘견신궁(妙見神宮)의 전수 보물인 사인검에 산스크리트어로 '옴마니 반메훔'이라는 육자대명왕(六字大明王) 관세음진언(觀世音眞言)이 상감돼 있는 것이 그 확실한 증거이다.

장유화상은 가야의 묘견공주와 선견왕자, 칠불왕자 등 8형제의 도왜에 앞서 이들을 칠불사에 모아놓고 이별 특별 법문을 하였다.

석가모니 부처님은 룸비니 공원 무우수 밑에서 태어나시자마자 사방 7보를 걸으시고 손가락으로 하늘과 땅을 가리키면서,

"하늘 위 하늘 아래 '나'만이 홀로 뛰어났고, 삼계가 편안하지 않으니 내가 마땅히 이를 편안케 하리라."고 하셨다.

그 후 부처님께서는 29세에 출가한 후 6년간 고행과 수행을 하시면서 부다가야 대각사 보리수 밑에서 길상초를 깔고 앉아 내가 대각을 하지 않으면 영원히 일어나지 않으리라 결심하고 선정에 드셨다. 그러다가 어느 날 새벽에 금성을 보시는 순간 대각을 이루셨다.

이를 견명성오도(見明星悟道)라고 하는데, 새벽별을 보고 도를 깨달았다는 뜻으로 근본적 질문인 '나는 누구인가?'를 추구하다가 그것이 해결되었다는 뜻이다. 자명해졌다.

선가에서는 깨닫기 전에는 별이었는데 깨닫고 나니 별이 아니었다고 하며, 교종에서는 부처님이 연기법(緣起法)을 깨달았다고 한다. 인연(因緣)이 있으면 과보(果報)가 있다. 길을 찾는 사람들은 불이 중도(不二中道)라고도 한다.

부처님이 깨닫고 나서 21일 간 해인 삼매에 들어 우주를 향해 첫 법문을 하신 것이 약

일본최초 신궁 묘견신궁 태상황 김수로왕 신체

칭 화엄경이다. 이는 대방광불화엄경으로 그 분량이 너무나 방대한데, 그 내용을 핵심적으로 나타낸 것이 야마천궁게찬품에 나와 있다.

사람이 만약 3세 부처 일체를 알려면 마땅히 법계의 성품은 일체가 마음이 짓는 것으로 본다.(一切唯心造)

마음은 화가와 같아서 능히 모든 세상사를 그릴 수 있는데, 마음과 부처 그리고 중생 이 셋은 차별이 없다.

반야심경은 색수상행식(色受想行識)인 5온을 완성지혜로 비추어 보니, 모두 공(空, 텅빈충만)하여 일체의 고액을 벗어났다.

금강경은 일체 유위법(有爲法)은 꿈·환상·물거품·그림자·이슬·전기·구름같은데 구름사이 푸른하늘은 예와 이제 같으며, 응무소주이생기심(應無所住而生其心) 즉, 머문바 없이 마음을 내고, 모든 소유상은 허망하니 만약 모든 상(相, 모습)을 상 아닌 것으로 보면 즉시 여래를 본다고 가르친다.

부처님이 47년 간 설법을 하시면서 나중 8년 동안 법화경과 열반경을 말씀하셨다. 묘법연화경인 법화경의 주요내용은 '부처님이 성불한 것은 무량무변 백천만억 나유타 아승지겁 전이고, 진리는 항상 스스로 적멸상이다. 부처님이 이 세상에 오신 것은 오직 중생들을 견성성불케 하는 유일불승에 뜻이 있다.'는 것이다.
마지막 열반경의 핵심은 다음과 같다.
'제행이 덧없으니, 이것이 생멸법이다. 생멸이 이미 멸했으니 적멸락(해탈락)이다.'

비바시불부터 세어서 석가모니불은 7번째 부처님인데, 7불에 공통된 가르침을 게송으로 남긴 것이 7불통게이다.
이는 모든 악을 짓지 말고, 뭇 선행을 받들어 행하라.
스스로 마음을 맑게 하는 것이 모든 부처님의 가르침이다.

불경은 부처님이 직접 설법하신 것인데, (보살이 한 것을 부처님이 인증한 것도 있음) 드물게 불교신도가 설한 경전도 있다.
허황옥 왕후의 출자지역인 인도 아요디야의 공주이자 왕비였던 승만부인이 설한 '승만부인경'과 수많은 보살과 지혜제일 문수보살도 감당하지 못했던 유마힐 거사의 유마경이 그것이다.

유마힐 거사의 법문은 불이법문(不二法門). 즉 둘이 아닌 법문이라고 한다. 부처님의 뜻에 따라 유마힐 거사를 문병한 많은 보살들이 유마거사 물음에 불이법문을 답했으나, 만족을 주지 못하자, 나중에 문수보살이 나서, "불이법문은 말로 표현할 수 있는 게 아닙니다." 답하고 나서, 유마힐 거사에게 불이법문이 무엇이냐고 되묻자, 유마힐 거사는 양구(良久)하였다. 긴 침묵으로 대했다는 뜻이다.

승만부인의 법문은 여래장(如來藏) 사상인데, 우주는 순수의 식(아말라식amala 識, 청정심) 즉 여래뿐이며, 사람이 하는 마음가짐, 말, 행동은 업식이 되어 무의식인 알라야식(alaya識, 함장식)에 저장되고, 존재가 인연 따라 만남에 현행으로 나타나기도 하고, 그것이 또 훈종자로서 알라야식에 저장이 된다는 것이다.

이 알라야식은 아말라식(순심)에 기초하고 서로 상즉상입하니, 알라야식은 여래를 품은 여래장이라는 것이다.

부처님은 법통계승자인 마하가섭에게 세 곳에서 문자가 아닌 방법으로 마음을 전한 바, 이를 불립문자 직지인심 견성성불 교외별전 삼처전심이라 한다. 하나는 영축산에서의 염화시중의 미소, 다음은 다자탑전 분반좌, 세 번째는 열반에 드신 사라쌍수(쿠시나가라)의 곽시 쌍부이다.

끝으로 장유화상은 먼 길을 떠나는 제자들에게,

"부처님 유훈은 진리와 자기를 등불 삼아 방일하지 말고 늘 정진하라는 것이다. 무엇에도 머물거나 집착하지 말고, 마음을

내라. 유심정토(唯心淨土) 불계연기(佛界緣起)"라고 하고, 법
문의 끝을 맺었다.

제 5장

가야의 분국 야마대

김수로왕의 7왕자가 장유화상을 따라 가야산에서 수도하여 신선이 되고, 나아가 모두 성불했다고 했는데, 그 부처로서의 족적 등이 한국에서는 별로 나타나지 않고 있다. 최근에 나타나고 있는 유력한 학설은 앞에서 언급한 바 같이 7왕자가 일본 구주(九州)로 건너가 자리 잡았다는 설이다. 그곳이 묘견신궁 근처 고쿠부(國分)지방이다. 가고시마현 아이라 고을에 가라구니다케로부터 고쿠부 평야 사이에는 김수로왕의 7왕자를 지칭하는 7개 신사가 자리 잡고 있다.

이들 신사의 역사를 보면 "천손을 따라 강림한 신을 모시고 있으나 창건연대는 알 수 없으며, 기리시마신궁의 말사다."라고 기록되어 있다 한다.(최성규, 구주는 가야분국, 부산일보사, 을지서적, 72~94쪽 참조)

또 이들 7왕자는 가고시마 고쿠부 평야 주변에 고쿠부 시치구마노사토라는 7개의 김씨네 마을을 조성하고 7개의 산성을 쌓았는데, 이들의 주성은 구마소성(熊襲城)이었다.

사치구마노사토의 7개 성은,

① 예구마 ② 시시구마 ③ 도미구마 ④ 호시구마 ⑤ 고

이구마　⑥ 구마자키　　⑦ 히라구마 등이다.

　7개 산성은 김수로왕 아들 7왕자가 각각 1개씩 장악하여 성
주가 되고 구마소에서 나라이름을 구나고꾸(狗奴國)라 했으
며, 구주 동부의 미야자키까지 세력권을 확장하여 남구주 일
대 전역에 서기 70년경부터 200년의 세월을 거쳐 7개 강국을
건설했다 한다.
　일본의 사학자 아라타 에이세이(荒田榮誠)씨는 "구나고꾸는
가야국 김수로왕의 7왕자가 고쿠부 지방에 군림한 이후 건국
한 나라이며, 대왕국을 형성했다."고 주장했다.

　야마대(邪馬臺)는 본래 야마일(壹, 가야어로 거북이)을 잘못
적은 것이며, 결국 거북봉에서의 천강난생 설화에 기인한다.
　야마대국(야마대왜국이라고도 함)이 가야의 분국이었다는
사실은 《일본서기》에, '이중천황때부터 우찌노미야케(內宮家)
를 두면서 본토(가야)를 버리지 않고 정해진 바에 따라 그 땅
을 잘 간수하는 것은 연유가 있는 일인데, 지금 신라가 처음
정해진 경계를 여러 차례 넘어서 침입해오므로 천황에게 아뢰
어 내 나라를 구조해 달라.'는 기록이 있다. 이는 금관가야 마
지막 왕인 구형왕이 신라의 위협에 직면하자 야마대국이 우찌
노미야케라고 부르는 가야의 분국이니 역사적 유대를 발판으
로 본국인 가야를 구조해달라는 사연을 기록한 것으로, 가야
와 야마대의 관계를 결정적으로 증언하고 있다.
　이같이 가야에서는 도자기문화, 가야황차와 가야금문화는
물론 철기문화가 특히 발달하여 국가를 방위하는 무기도 많이

만들고, 낙동강과
김해항 그리고 현
해탄의 태평양을
이용하여 쌀, 소금,
소, 말 등과 함께
국제무역이 활발하
게 전개되었다.

가야의 분국 야마
대 신공황후 히미
꼬는 그 영토를 확
장하여 대국을 이
루고, 국제전쟁을
조종하여 한 광무

서울 국립중앙박물관 소장 금동 미륵보살 반가사유상(좌)과 닮은 일본 국
보1호 목조 미륵보살 반가사유상

제는 히미꼬에게 거대한 금인(金印)을 내려 야마대왕으로 인
정한 바, 그것이 최근에 구주에서 발견된 바 '한위노국왕금인
발광지처'라는 석비도 발견됐다.

동북아시아의 여걸인 히미꼬는 일본 역사 신화시대의 여신
천조대신(天照大神, 아마테라스 오미카미)으로 신격화되었고,
삼국유사의 연오랑 세오녀의 세오녀로 지칭되기도 했다.

히미꼬가 69년간 왕 노릇을 하고 100세로 죽자(서기 247년)
야마대는 왕권을 빼앗겼던 남왕계와 신공계의 여왕 일여가 싸
우다 붕괴하고(서기 269년) 120년간 혼란 상태가 계속되었다.

북한의 사학자 김석형 교수는 야마도(大和倭)지역 중심으로
히로시마 동부에서 오카야마 지역은 가야가 지배했고, 서부는
백제계분국, 동북은 신라계분국, 동쪽은 고구려분국이라고 주

장했다.

후에 비류백제의 후손인 아로왕이 아라가야를 세웠고, 아라가야왕 아라사등의 아들 응신(應神 오진)이 서기 390년 야마도(大和倭) 정권을 세우고 백제로부터 분립하여 5왕 87년 간 계속된다.(일본서기)

응신이 비류백제왕이라는 설과 서부여 의려왕 아들 의라라는 설도 있다.

일본은 일본 역사의 왕위계승을 만세일계로 왜곡하는 경우가 있는데, 신공황후 이후 공백기를 맞추기 위해 120년 올리는 것을 2주갑인상(二周甲引上)이라 한다.

응신 이후 백제와 긴밀한 관계를 맺고 분립했으나, 백제가 멸망한 뒤 일본사는 한국사에서 떨어져 나갔다.

한국인들은 지리적으로 일의대수라고 하면서도, 심리적으로는 '가깝고도 먼 나라'인 일본을 잘 알아 미래에 대비해야 한다. 예로부터의 밀접한 한·일 관계를 잘 알아야 하므로 자세히 살핀다.

최근에 일본 야끼히도(明仁)왕은 서기 2001년 12월 23일,

"나와 관계된 간무(桓武)왕의 생모가 백제 무령왕 자손이라는 속일본기 기록을 인정하고 느낀다." 라고 말하여, 스스로 백제계라고 밝혔다.

간무천황의 생모는 화을계(和乙繼, ~기원 789) 부인으로서 광인(光仁)왕의 왕후 고야신립이다. 고야(다까노) 왕후의 묘소는 지금 일본 교토시 외곽 이세코우산 라쿠사이 주택단지

위에 있는 대지릉이다.

간무왕의 묘소는 백원릉(栢原陵)인데, 간무는 기원 794년 교토에 천도하여 헤이안 궁을 짓고, 왕궁 북쪽에 백제 성왕을 주신으로 모신 히라노신사(平野神社)를 세웠다. 현대 일본인의 직계 선조에 해당하는 야요이인들은 한반도서 건너온 도래인(渡來人)이라는 의학적 연구 결과가 일본에서 잇따라 나왔다.(한겨레 신문 2003.6.24. 9쪽 참조) 돗토리대 의학부 이노우에 다카오 교수팀은 벼농사와 청동기, 철기 전래로 상징되는 야요이 시대(BC 3C ~ AD 3C)인들의 유전자가 현대 한국인의 것과 일치한다고 발표했다.

도쿄대 의학부 인류유전학교실 도쿠나가 가쓰시 교수도 사람의 6번 염색체에 존재하는 인간 백혈구항원(HLA) 유전자군의 유전자 정보를 비교한 결과 일본 본토인과 가장 가까운 집단이 한국인과 중국 조선족이라고 밝히고, 오끼나와인이나 북해도의 아이누족보다 더 가까웠다고 말했다.

미국의 사학자이며 주일대사를 지낸 라이샤워 교수와 페어뱅크 교수도 가야 사람들이 일본으로 이주해 와 지배집단이 되었다고 말했다.

야요이(彌生)문화 이전 석기시대의 일본 죠몽문화는 단군조선의 민무늬 질그릇 문화에서 전달된 것인데, 흔히 돌널무덤, 관옥, 손잡이식 마제석검 등과 함께 출토되었다.

야요이 문화 초기에는 단군조선 무문토기 영향을 받아 한반도와 가까운 구주지방을 중심으로 분포되었는데, 소호, 대호, 고배, 각목 철대문 토기 등이 그것이다. 그 뒤에 이다즈께 질그릇도 고조선의 무문토기 영향을 받았는바, 같은 영향을 받은 손잡이식 마제석기・석촉・곰배돌도끼・삼각돌칼도 함께 출토되고는 했다.

단군조선 말기에 고인돌도 일본 서부 구주지방으로 전달되어 편재해있으며, 같은 시기에 벼농사와 농경도구 등도 일본열도에 들어왔다.

단군조선 후기에 청동기문화가 단군조선 남부지역에서 일본열도로 전래되었는데, 그 제품을 박재동기라 한다(윤내현, 고조선, 민음사, 298쪽 참조). 그 가운데 대표적인 것은 잔줄무늬거울・세형동검・청동꺾창・청동창・청동방울 등인데, 단군조선 말기에는 철기도 일본열도에 수출되었다.

단군조선의 일본에로의 잇단 문화전파는 많은 조선인들이 일본으로 건너간 데에 따른 것이다. 단군조선으로부터 도래한 야요이인들은 국가조직 생활 경험이 있어 부족국가(고을나라)를 형성하기 시작하였다. 그 사회의 지배 계층은 단군조선 이주민 가운데, 진보적 문화와 조직생활을 한 경험자로 추정된다. 단군조선 시대 일본의 최초 천황은 신무(神武)인데, 환단고기에는 섬야존(陜野尊)이라고 했다.

일본에는 환웅천왕상을 모신 영언산 환웅신전・왕검단군을 모신 구주 옥산신궁・나라 동대사의 가라구니 신사・백제계 숭준천황릉으로 알려진 후지노키 고분・고구려 고분벽화와 같은 다까마스 고분벽화・장보고대사를 주신으로 모신 오쓰의 원성사 신라선신당・오오사까의 백제역・난고무라의 백제마을 등 한국사의 흔적이 일본 전국에 깔려 있다 하겠다.

한편 고주몽 성제의 고구려 건국을 도운 협부는 100여가를 이끌고 남쪽으로 가서 가야를 거친 다음 왜의 웅본성에서 야마대의 시초인 다파라국을 건국한바, 다라한국이라고도 한다.

사회학자 최재석 고려대 교수도 일본천황은 《일본서기》에 의하면 백제인이고, 《신찬성씨록》에 의하면 천황과 황태자 모두 백제인임을 확인했다.

특히 무령왕은 왜에다 백제의 동조를 두어 경영했고 섬에서 태어났기 때문에 사마(사마, 시마＝섬)왕이라 했는데, 이는 공주에서 발굴된 무령왕릉 석판에서 입증되었다. 무령왕은 딸 수백향이 왜왕 계체에게 시집 가 흠명왕을 낳으니 계체로부터 숭준까지 5대 120년간 무령왕의 사위와 외손이 왕위에 올랐다. 이와 관련하여 원광대 소진철 교수는 그의 논문「일본국 국보 스다하치망 신사 인물화상경의 명문」을 통해 '스다하치망거울'과 공주에서 발굴된 무령대왕 지석(양쪽에 모두 斯麻라는 무령왕 호가 나옴)을 연구한 다음 스다하치망 거울은 무령대왕이 신임장으로 왜왕 계체에게 하사하여 승인한 것으로 왜왕은 백제의 제후였다는 것을 입증하였다.

또 무왕의 딸인 보황녀(寶皇女)는 서명왕에게 시집갔다가 왕이 죽자 황극(皇極), 제명(齊明)여제로서 2차례 11년간 여왕 노릇을 했다. 일본서기와 신찬성씨록에 의하면 서명왕은 나라현 백제사 옆에 백제궁을 짓고 죽은 다음에 백제 대빈을 만들었으며, 그의 조부 민달왕도 백제대정(百濟大井)을 만들었으니 백제계 왕이라는 것이다.

아스카 시대는 동성왕부터 182년간 계속되었는데, 본국인 백

제는 구다라(큰나라) 원비조라 했고, 분국인 왜국은 오나라
(작은나라) 근비조라 했다.

　백제 성왕은 아스카 시대에 노리사치계 등을 통해 불교문화
를 전하여 나라(奈良), 오오사카, 교토지방에 전한바 이를 아
스카(飛鳥)문화라 하는데, 아스카문화의 우위성과 호화찬란함
은 정평이 났다. 그 가운데 가장 빛나는 종교예술 작품은 명
치시대 이래 일본 국보 1호인 교토 교류지 영보전에 안치되어
있는 미륵보살반가사유상이다. 이 보살상은 성덕태자 뜻을 받
들어 백제 후손인 진조하승이 백제인 조사공을 시켜 건축케
한 절로 교류지에 보관돼 있는데,《일본서기》추고 11년 조에
의하면 성덕태자가 이 소나무로 만든 보살상을 진조하승에게
주었는데, 이는 백제국 공덕부에서 한국에서 질이 좋은 전라
북도 변산반도 소나무나 경상북도 봉화의 적송으로 제작하여
일본으로 보내진 것으로 추정된다.
　이 미륵보살반가사유상에 관하여 독일의 철학자 칼 야스퍼
스는 "한국인이 만든 이 미륵보살상은 인간 실존의 깊이까지
도달한 자의 표징이며, 지상에서의 모든 것을 초월하여 얻은
인간 존재의 가장 청정 원만하며, 영원한 심법(心法)의 모습
이었습니다. 나는 수십년 철학자로 일해 왔는데 동서고금에
이만큼 인간 실존의 평화로운 참모습을 구현한 예술품을 아직
껏 본 적이 없습니다. 만일 지구가 침몰하여 문화재 하나만을
건져야한다면, 나는 이 미륵보살반가사유상을 건질 것입니다."
하고 극찬하였다.
　백제가 망한 뒤, 바다를 건너 백제복국운동에 참여했다가 백

제의 주유성이 당에 함락되자 왜국으로 돌아가는 왜인들의 심정을 《일본서기》는 다음과 같이 전하고 있다.

천지 2년(서기 663년) 9월 7일 백제의 주유성이 당에 항복했다. 이때 서로 말하기를 '주유성이 이미 항복하였다. 어찌할 수 없다. 백제의 이름이 오늘에 이르러 끊어졌다. 이제부터는 조상의 묘소에도 갈 수 없다…'

그리하여 백제복국운동에 참여했다 환국한 왜인들을 중심으로 왜지에서는 본국을 잃어도 관계치 않는 새로운 이름을 가진 나라와 그에 맞는 역사와 언어가 필요하게 되었다. 사실상 일본 고대사는 한국 고대사의 일부였다.

일본 동경대의 하니하라 가주로(埴原和郎)교수는 서기 7세기 말 현재 한반도에서 건너간 일본 이주민이 약 80~90%이며, 원주민은 10~20%로 이때까지 야마도나 아스카 사람들은 한국 의복을 입고 한국 음식을 먹었으며, 신화도 천(天)자가 붙은 신 등 한국 신화가 태반이고 한국어를 사용하였다 한다. 《일본서기》고대어는 한국어로 쓰였으며 적어도 《일본서기》와 《만엽집》의 7세기 이전 노래들은 한국어로 쓰였다 한다.
백제복국운동에 실패한 왜인들은 의자왕의 동생 제명여제가 죽자 의자왕의 아들인 부여용 즉 천지(天智)를 왕으로 받들고, 국명을 일본이라고 고쳤다(천지 7년, 서기 668년). 《삼국사기》와 《신당서》는 일본 탄생을 서기 670년이라고 적고 있다.

| 제 6장 |

백제의 미담

중국의 양서 등 사서를 보면, 북위가 백제 동성왕 때 기병 수십만으로 백제를 쳤으나 결국 백제가 이겼다. 동성왕은 산동 노제지역에 왕부를 두었다. 구당서 백제전에는 백제가 오, 월을 차지하여 200년간 지배했다는 내용 등이 나온다. 소서노의 어하라가 뒤에 요서백제가 되었다.(요서, 진평 2군)

백제는 고이왕 때부터 중앙집권주의로 돌아서며 관제를 정비하고, 나라의 기틀을 다지고 근초고왕 때는 영토를 크게 넓히고, 왜국에 칠지도를 하사하기도 했다. 백가제해하여 국제적으로 동아시아 지역 22담로를 다스린 것이다. 최치원의 난랑비 서문에는 고구려와 백제가 강할 때 장병이 100만이 넘었다고 했다.

백제가 남긴 미담으로 개루왕과 고이왕 때 처절하나 순수한 사랑으로 '도미와 아랑', 극진한 효를 나타낸 실존인물 '효녀 심청'을 알아보기로 한다.

〈도미와 아랑〉

도미(都彌)는 백제 사람이다. 비록 벽촌의 평민이었지만 자못 의리를 알았다. 그의 아내는 아름답고 예뻤으며 또한 절개 있는 행실이 있어 당시 사람들로부터 칭찬을 받았다. 순수한 사랑의 이야기이다.

개루왕(蓋婁王)이 이를 듣고 도미를 불러 더불어 말하였다.

"무릇 부인의 덕은 비록 지조가 굳고 행실이 깨끗함을 우선으로 하지만 만약 그윽하고 어두우며 사람이 없는 곳에서 좋은 말로써 꾀면 마음을 움직이지 않을 수 있는 사람이 드물 것이다."라고 하였다.

도미가 대답하기를, "사람의 마음이란 헤아릴 수 없습니다. 그러나 저의 아내와 같은 사람은 비록 죽더라도 마음을 고치지 않을 것입니다."라고 대답하였다.

왕이 그녀를 시험해 보려고 일을 핑계로 도미를 머물게 하고는 가까운 신하 한 사람으로 하여금 거짓으로 왕의 옷을 입고, 마부를 데리고 밤에 그 집에 가도록 시키고, 사람을 시켜 먼저 왕께서 오실 것임을 알리도록 하였다. 왕을 가장한 신하가 그 부인에게 말하였다.

"내가 오래 전부터 너의 아름다움을 듣고 도미와 장기내기를 하여 이기었다. 내일은 너를 데려다 궁인(宮人)으로 삼을 것이니, 지금부터 네 몸은 내 것이다."

라고 하면서 그녀를 간음하려고 하였다. 이에 부인이 말하였다.

"국왕께서는 거짓말을 하지 않으실 것이니 제가 감히 따르지 않겠습니까? 청컨대 대왕께서는 먼저 방에 들어가소서. 제가 옷을 갈아입고 들어가겠습니다."

하고 물러나서는 한 계집종을 치장하여 슬며시 잠자리에 들게 하였다.

왕이 후에 속았음을 알고 크게 노하였다. 도미를 무고하여 처벌하였는데, 두 눈을 멀게 하고 사람을 시켜 끌어내어 작은 배에 싣고 물 위에 띄워 보냈다.

그리고 그의 아내를 끌어들이어 강제로 상관하려고 하였는데, 부인이 말하였다.

"지금 남편을 이미 잃었으니 홀로 남은 이 한 몸을 스스로 보전할 수가 없습니다. 하물며 대왕을 모시게 되었으니 어찌 감히 어길 수 있겠습니까? 그러나 지금은 월경 중이라서 온몸이 더러우니 다른 날을 기다려 깨끗이 목욕한 후에 오겠습니다."

왕이 그 말을 믿고 허락하였다.

아랑은 그만 도망하여 강어귀에 이르렀으나 건널 수가 없었다. 하늘을 부르며 통곡하다가 홀연히 외로운 배가 물결을 따라 이르는 것을 보았다. 그 배를 타고서 천성도(泉城島)에 이르러 그 남편 도미를 만났는데 고맙게도 아직 죽지 않고 살아 있었다.

중국에 모셔가 진 혜제 부인 문명황후(본명 원홍장. 원회. 효녀심청의 실존인물)가 곡성 관음사에 보내온 소조 관음보살상

풀뿌리를 캐서 먹다가 드디어 함께 배를 타고 고구려의 산산 아래에 이르렀다. 고구려 사람들이 불쌍히 여기며 옷과 음식을 주어 보살펴 주었고, 정답게 살면서 객지에서 함께 일생을 마쳤다.(삼국사기 권 48. 열전)

백제의 아랑과 신라의 박혁거세 부인 알영왕후를 아리랑의 기원으로 보는 사람도 있다.

한편 백제 수도 부여 백마강에는 백제 멸망시 3천 궁녀가 몸을 던졌다는 낙화암이 있다.

낙화유수(落花流水)
수류화개 산무인 (水流花開 山無人)
운파월래 화롱영 (雲破月來 花弄影)
낙화유의 수류수 (落花有意 隨流水)
유수무정 송낙화 (流水無情 送落花)

물 흐르고 꽃 피는데, 산에는 사람 없네

구름이 달빛 부수니, 꽃의 그림자놀이
떨어진 꽃 뜻이 있어, 흐르는 물 따르고,
흐르는 물 정이 없어, 떨어진 꽃 보낸다.

〈효녀 심청은 역사적 실존인물〉

효는 우리나라 전통 도맥인 신선도의 5상(常) 충효용신인의
하나요, 효경에 있는 유교 5륜의 하나이다. 또한 불교에는 부
모은중경이 있어 효도를 가르치고 있다.

우리나라 역사에서 효자, 효녀로 나오는 이야기는 환단고기
의 부루단군 때 소련, 대련의 삼년상 효행, 삼국유사의 빈녀양
모(貧女養母), 삼국사기의 효녀 지은 설화 등이 있다. 인도의
전동자 묘법동자 설화, 일본의 소야희도 있고, 한국의 관음사
연기설화도 있다. 그것이 한민족에게 매우 친근한 만고 효녀
는 심청이다.

한민족에게 매우 친근한 고전소설은 홍길동전, 춘향전, 심청
전, 삼국지연의 등이다. 심청전은 효녀 심청이 소경인 아버지
심학규를 위하여 공양미 3백 석에 몸을 팔아 인당수 깊은 물
에 몸을 던졌으나, 상제의 구함을 받고 다시 생을 얻어 왕후
가 되고, 심봉사 또한 심청을 만나 반가움에 멀었던 눈이 번
쩍 띄었다는 줄거리이다.

한민족 효도의 상징인 심청전의 주인공 심청은 단순히 소설
의 주인공일까? 현재 학계에 보고된 심청전의 이본은 목판본,

활자본, 사서본 등 모두 200여 종에 달한다.

그런데 우리나라에 심청과 관련이 있는 곳으로 알려진 곳은 전남 곡성, 옹진군 백령도, 예산군 대흥면, 황해도 황주, 화성시 서신면 홍법사 등이다.

그 가운데에서도 전남 곡성군 소재 관음사 창건의 사적을 적은 「관음사 사적기」는 장님 아버지 원량의 딸 효녀 원홍장의 아름다운 이야기를 적고 있다. 이는 서기 3백년 백제시대의 일이며, 조선왕조 영조 5년(서기 1729년) 백매선사가 역사 기록을 판각하였고, 6.25 때 소실되었으나 활자본이 남아 그 기록이 20세기에 들어서서 국학계에 알려졌다. 김태준 선생의 「조선소설사」 이래로 「원홍장」이 심청전의 근원설화로 알려져 왔는데 화엄사 고경 스님들이 관음사 연기 설화에 대한 최초의 학술 연구논문을 발표하였다.

2000. 2. 26일 연세대 사회발전연구소는 「곡성출신 실존인물 효녀심청의 역사적, 국문학적 고증」이라는 학술용역 보고서를 냈다.

또 한국방송공사(KBS 1TV)의 2000.4.1. 역사 스페셜 「역사 추적, 심청의 바닷길」은 그야말로 역사적으로 곡성출신 실존인물 심청을 잘 그려 내었다.

예부터 한, 중 해상 교류가 많았던 만큼 물길이 닿는 서남 해안가에는 여러 지역에 심청 같은 이가 존재했을 것이라고 추정된다. 여러 가지 학설이 있으나, 심청이 곡성 출신 실존인물이라는 것은 충남대 사재동 교수가 "관음사 사적기가 심청의 원형"이라고 말한 바, 관음사 사적기(白梅子지음, 본문 10장 146행), 중국 정사인 진서(晋書, 심청은 원희元姬로 표현),

중국 주산해국의 영파시지 등 역사 기록들과 심청(원홍장)의 탄생 마을로 알려진 전남 곡성군 오곡면 송정리 도화촌 유적, 곡성군 옥과면 선세리 성덕산 관음사 유적, 곤방산 야철지, 심청의 양부이었던 주산해국(일명 회계국) 심국공의 주산시 보타구 심가문진, 보제선사, 불긍거 관음원, 심청 성비궁터, 심청이 생애를 마친 보타락가산 수정궁 등의 유물, 유적들이 입증한다.

　대홍이라는 고을에 원홍장(元洪莊)이라는 장님의 딸이 있었다. 그녀의 아버지 원량(元良)은 소년시절에 그만 눈이 멀었다. 비록 눈이 멀었으나 양반의 후예로서 행실이 청렴 강직하고 기개가 고상하여 언어범절이 조금도 경솔하지 아니하니, 인근의 사람들이 모두 칭송하였으나 불행은 겹치는 것이라고 한다더니 성품이 현숙하고 민첩하여 바느질과 품팔로 앞 못 보는 자신을 보양하던 부인이 그만 산고 끝에 먼저 세상을 뜨고 말았다.

　앞도 못 보는 장님의 처지로 어린 딸을 등에 업고 이집 저집 젖동냥으로 키운 딸이 바로 홍장이었다. 홍장 또한 성장하면서 성품이 현숙하고 민첩하여 아버지 곁을 떠나지 않고 부축해 드렸으며 그의 봉양이 극진하여 모든 범절에 있어 비범한 데가 있었다. 홍장의 효성이 이러하였으니 고을 사람들은 입을 모아 대효(大孝)라 칭송해 마지 않았으며, 나라 안에는 소문이 자자했고 멀리 중국 땅에까지 알려졌다고 한다.

　어느날 장님 원량은 밖에 나갔다가 마침 홍법사 화주승 성공(性空)스님을 만나게 되었는데, 성공스님이 원 봉사를 보더

니,

"당신과 함께 금강불사를 이루었으면 합니다. 부디 큰 시주가 되어 주시오."

라고 말하였다. 원봉사는 갑작스런 말을 듣고 어리둥절하지 않을 수 없었으며, 생각해보니 놀라운 일이 아닐 수 없었으므로 조용히 대답하기를,

"나는 보시다시피 앞을 못 보며 더구나 가난한 처지인데 어떻게 부처님을 위하는 시주가 될 수 있겠습니까? 라고 하였다.

화주승 성공대사는 다시 절을 하면서 말하기를,

"소승이 금강불사의 원을 세워 지성으로 백일기도를 봉행하였는데, 마지막 회향하는 어젯밤 꿈에 부처님께서 현몽하시기를 '내일 기도를 마치고 길을 나서면 반드시 장님을 만날 것이다. 그는 이번 불사에 대단월(大檀越, 큰 시주)이 될 것이니라.' 하셨으므로 이렇게 간청하는 것입니다."

원봉사는 말을 잊고 한참 동안 생각에 잠겨 있다가 겨우 입을 열어,

"집에는 곡식 한 줌 없고, 밖에 나와 봐야 내 땅 한 뼘 없는 처지인데 무슨 수로 시주를 할 것입니까? 다만 나에게 딸린 것이 있다면 딸자식 하나뿐인데, 이 아이로 금강 같은 불법에 선근 인연이 되고 혹시 대작불사에 도움이 될 수 있다면 데리

고 가서 좋은 도리를 생각해 보시오…"라고 하였다.

홍장의 나이 이때 불과 열여섯이었다. 이리하여 화주승 성공 대사는 무한 감사의 예를 올리고 원봉사를 따라 그의 오두막 으로 갔으며 아버지 원량은 성공대사와 언약한 사연을 딸에게 말해 주었다. 홍장은 일생 아버지를 봉양할 생각이었으나 아 버지와 자신의 앞날이 걱정되어 애통하게 울었으며 원량 역시 기막힌 심정이 되었다.

실로 산천초목도 울고 일월도 빛을 잃은 듯 하였으며 나는 새와 달리는 짐승 또한 슬피 울부짖는 듯하였다. 그러나 그녀 의 지극한 효심은 곧 불심으로 나타났음인지 비장한 표정을 지으며 급기야는 아버지를 하직하고 화주스님을 따라 나섰다.

아버지인 장님과 딸 홍장의 작별을 가엾고 측은하게 여겨서 마을 사람들도 길을 메우며 옷깃을 적시었다. 원홍장은 화주 스님과 길을 나서며 뒤돌아 보이는 고향 마을과 평생 모시려 하던 아버지도 이제는 영영 이별이라고 생각하니 아득하기만 하였다. 난생 처음 산을 넘고 강을 건너 너무나 오래 걸은 탓 으로 피로에 지쳐 바다가 보이는 소랑포에 이르러 잠시 쉬어 가기로 하였다.

원홍장과 성공스님은 서쪽바다를 바라보고 쉬고 있었는데 바다 저 멀리 수평선 위에서 붉은 배 두척이 나타나는가 하더 니 질풍같이 이쪽으로 다가오는 것이었다. 나는 화살처럼 순 식간에 나루에 다다른 배는 모두 진(晋)나라의 배였고 배에는 금관옥패와 수의를 입은 사자들이 타고 있었다. 그들은 언덕 에 앉아 있는 홍장을 뚫어지게 바라보더니 배에서 내려 홍장 이 쉬고 있는 곳으로 다가와서 홍장에게 공손히 예를 갖추어

절을 하며 "참으로 우리 황후마마이십니다."라고 하는 것이었다. 홍장은 물론 화주스님도 깜짝 놀라지 않을 수 없었다.

홍장은 놀랐으나 얼굴빛을 고치고,

"여러분들은 어디서 오신 어른이신데 그런 말씀을 하시는 것입니까?"하고 물었다.

"저희는 진나라 주산군도 주산시 보타도 심가문진 심국공 사람들입니다. 영강(永康) 정해년 정월 신유일에 황후께서 붕거(崩去)하셨는데 이로부터 성상(聖上)께서 늘 슬픔을 가누지 못하시더니 하루는 꿈에 신인이 나타나서 말하기를, '성상의 새 황후 되실 분은 이미 동국 백제에 탄생하여 장성하였고 단정하기로는 전 황후보다 더 하시니 이미 가신이 때문에 슬퍼하지 마시오.' 하고 현몽하시었습니다. 성상께서는 꿈에서 깨어 날이 밝자 곧 폐백 4만단과 금은진보 등을 갖추어 이 두 배에 싣게 한 다음 상(相)을 잘 보는 상사를 선발하여 사자로 삼아 조칙을 내리시되, 무역하는 심국공으로 하여금 동국으로 달려가서 황후를 맞이하라 하시었으므로 소신 등이 외람되이 상명을 받자와 본국을 떠나온 이래 숙야(이른 아침부터 밤늦게까지)로 근심하옵더니 이제 다행히 성의를 여기서 뵈옵게 되었나이다."

사자의 긴 사연을 듣고 난 홍장은 길게 한숨을 쉬며 탄식하면서 말하기를,

"내 한몸 가는 것이야 무엇이 어렵겠소. 그런데 갖고 오신

폐백이 얼마나 되옵니까?" "예, 저기 두 배에 가득 실은 것이 모두 값진 보물이옵니다."

홍장이 미소를 띠며 말하였다.

"내 몸은 내 몸이 아니옵고 아버님을 위하여 선근종자(善根種子)를 심어 드리기 위하여 부처님께 바쳐진 몸입니다. 그러하오니 저 두 배에 싣고 오신 폐백을 소녀 대신 이 화주스님께 드리시면 기꺼이 따라 가오리다." 하였다.

"예. 분부대로 거행하겠나이다."

이 때 화주승 성공대사는 참으로 부처님의 가호라고 기뻐하면서,

"홍장 아가씨! 아버님의 일은 염려 마시고 가십시오. 소승이 잘 보살펴 드리겠습니다." 라고 하였다.

이렇게 해서 싣고 온 보물을 모두 홍법사로 가져가게 하고 홍장은 중국 진나라 사신을 따라 진나라로 가게 되었다.

홍장이 진나라에 당도하여 주산군도 보타도 심가문진에서 심국공을 만나 그의 양녀가 되고 이름을 심청으로 바꾸었다. 이어서 심국공과 심청 일행은 궁 안으로 들어가 진나라 황제를 배알하니, 그녀는 둥근 달 같은 얼굴에 별빛 처럼 두 눈이 반짝였으며 덕과 지혜를 갖춘 모습이 진실로 황후의 기상이었다.

바다 한 모퉁이에 있는 동국 백제에 이렇게 아름다운 여인

이 있었더란 말인가. 진나라 혜제는 찬탄해 마지 않았다. 궁중에서는 심청에게 붙여진 새 문명황후를 모시는 큰 잔치가 베풀어지고 황후가 된 홍장은 품성이 단아하고 자애로운 위의를 갖추었으므로 황제의 총애가 날로 더해 갔으며 원홍장 황후(심청, 원희)는 항상 정업(淨業)을 닦고 행하기에 힘쓰니 나라가 편안하며 가난한 자와 병든 자가 줄어들어 온 나라 백성의 칭송이 자자하였다.

"내 비록 타국의 황후에 오른 몸이지만 어찌 조국을 잊을 수가 있으리오…"

그리하여 그는 오십삼불과 오백성중 십육나한을 조성하도록 한 다음 세 척의 돛배에 실어 본국에 보내니, 그 배는 감로사(甘露寺) 앞 포구에 닿았으며, 이를 감로사에 봉안하였다. 이와 같이 불교에 대한 신심도 너무나 훌륭하였다.

그 뒤 세월이 지난 다음 황태자로 하여금 탑을 조성하게 하

전남 곡성군 오곡면 심청 탄생지의 기념 공원

여 금강사(金剛寺)에 모셨으며 또 풍덕현(豊德縣, 현 경기도 개풍군) 경천사(敬天寺)에도 모셨다.

그 당시 중국 서진 혜제 시대에는 관음불교가 성하였다.

이렇게 본국을 위하여 공덕을 쌓는 한편 황후 자신의 원불로서 관음성상을 조성하여 조석으로 발원하여 모시다가 고향 백제를 그리는 사무친 마음으로 석선에 실어 동국 백제로 띄워 보내면서 서원하기를,

"관세음보살님이여! 인연 따라 제 고향 백제로 가셔서 그들에게 자비와 지혜를 주시고 정업을 닦아 소원을 성취케하여 주소서…"하는 원력을 세웠다.

그 배는 바다에 표류하기를 한 달 만에 홀연히 바람을 따라 낙안(樂安)땅 단교(斷橋) 곁에 정박하게 되었다. 얼마 안 되어 이 땅을 지키던 수비병들이 수상한 배로 의심하여 추격하여 붙잡으려 하였으나 관음성상을 실은 석선이 스스로 움직여 바다 멀리 가버렸다.

이 때 옥과(玉果, 현 곡성군 옥과면)에 사는 성덕(聖德)이라는 아가씨가 우연히 집에서 나와 해변에 이르렀는데 저 멀리 해운중에서 한 척의 석선이 다가오고 있는 것을 확인할 수 있었다. 마치 이쪽에서 끌어당기는 것처럼 점점 가까워지고 있는 배를 바라보고 있던 성덕은 깜짝 놀랐다. 그 돌배 안에는 관음 금상이 번쩍이고 있었기 때문이었다. 성덕은 문득 공경스러운 마음이 일어나고 어디든 좋은 자리를 찾아 모셔야 할 것 같아서 먼저 몸을 단정히 하여 예배를 드리고서 관음상을

등에 업으니 가볍기가 홍모(鴻毛, 기러기의 털, 아주 가벼운 것)와도 같았다. 성덕은 관음상을 업고 낙안을 출발하여 고향인 옥과 땅으로 향하는데 도중에 열두 개의 정자를 만나 쉬어 갔다.

그런데 산봉우리에 이르렀을 때 관음상이 태산같이 무거워져서 움직일 수 없기에 그곳에 관음상을 안치하여 대가람을 세우고 성덕산 관음사라 하였다.

원홍장과 성덕은 모두 관음의 화신인데 승려 성공은 흥법사를 중수하였다.

맹인 원량은 딸과의 이별의 아픔으로 눈물을 흘리던 중 이 소식을 듣자 갑자기 눈이 밝아져 복락을 누리며 95세까지 살았다.

역사적 실존인물 성녀 심청(원홍장＝원희)은 서기 286년 백제 고이왕 때 전남 곡성군 오곡면 송정리 도화촌에서 출생한 것으로 알려졌으며(성출봉 지역설도 있음) 눈먼 아버지를 돌보았다. 곡성 지방에는 출생지로 알려진 대흥이라는 지명이 세 군데가 있다. 서기 300년 미인 심청은 완도 금일도의 소랑포(부안 내소사 석포)에서 회계국 심국공의 상인들을 만나게 되고 동북아 해로를 거쳐(고려도경을 쓴 서긍, 대각국사 의천, 장보고 등이 왕래한 해로) 심청이 처음 도착한 곳은 중국 절강성 주산군도 정혜현이었다. 중국 회계국(중국 주산군도 보타도 일원) 오흥(吳興)의 가족 국제상인 심국공의 양녀에서, 성비(聖妃)로 추천하기 위해 모셔갔다. 원홍장은 이름을 심청으로 바꿨으며 심청의 심씨는 양부의 성을 따른 것이다.

심청(원희)은 이어 심국공에 의해 진나라 황후로 천거되어 혜제(惠帝)의 후비인 문명황후가 되었는데, 동이족 소호 금천 씨가 세운 동해담인이라 하였다.(25史 晋史列傳) 이는 산동성에 있던 담국처럼 중국 동해에 있는 백제 담로인 출신이라는 것이다. 아버지는 위장군 난릉후(蘭陵候)라 하였다.

서기 312년 중국 회계국 심청은 고국에 관음성상을 단교(지금의 벌교 숭주 낙안)로 보내왔다. 심황후는 3남 2녀를 낳았다. 심청은 혜제가 서거하자 동북아시아 국제교역의 중심지인 보타도의 심가문진 심가촌에서 생활하다가, 관음성지인 보타락가산 수정궁에 들어가 보살 생활을 하다가 생애를 마쳤다.

효녀 심청 이야기를 직접 기록한 국내 문헌으로는 관음사 사적기(6종), 심청전(233종), 조선사찰 사료, 한국사찰 전서, 한국 민간전설집, 해동의 불교, 불교설화 전집, 국사대사전, 한국민족문화백과사전, 내고장 전통가꾸기, 한국관음신앙 등이 있다. 중국문헌으로는 진서, 태평광기, 한중불교문화교류사, 영파시지, 보타현지, 보타락가산지, 정혜청지, 변증론 등이 있고, 일본 문헌으로는 성덕산 관음사 연기설화의 형성과 변용, 관음사 연혁과 현황보고서 등이 있다.

심청과 관련된 유적과 유물은 곡성군의 관음사, 가곡리 5층 원홍장탑, 오곡면 송정리 심청생가터, 심청우물, 도화천, 심청 목욕 옥녀탕(대대로 구전됨), 심청마을 설아살(대장간), 곡성군 곡나야철지(백제 칠지도 제작), 어람관음 불상(관음사 소장)과 소랑포(금일도), 단교(벌교) 등이고 중국의 심가문진, 심가촌, 심가산, 심수로, 연화양, 성비궁, 영파시, 신라초, 불긍

거관음원 도화도(도교사원 중심지), 보타도 보제사에 봉안된 어람관음불상 등이 있다. 주산시 심씨 마을에는 아직도 심씨 들이 살고 있다.

곡성골 출신 심청과 고전소설 심청전 사이에는 몇 가지 차이점이 있는데 그 중에서도 불교전래 시기 문제와 인당수에 빠지는 사실이 없다는 것 등이 큰 것이다.

삼국사기 등은 우리나라 불교 공전은 서기 372년인 고구려 소수림왕 2년 때라고 하나 심청은 서기 300년 백제 분서왕 3년(서진 혜제 영강년)에 관음상을 보내오고 관음사가 창건되게 했다고 한다.

삼국사기 기록은 불교를 국가에서 공인한 공전일 뿐이다. 실제로 불교는 서기 48년 가야 시조 김수로왕의 부인인 허황옥 왕후가 장유화상과 함께 불경, 파사석탑 등을 가져온 「가야 1세기 남방 불교 전래」가 있고 더욱이 제주도에는 석가세존 당시 그 제자인 발타라 존자가 와서 포교했다는 존자암이 있으며 중국 불교 전래가 서기 전 2년이므로 심청 관련 불교 기록에는 문제가 없다고 생각된다.

관음사 연기설화에는 심청전에 나오는 인당수에 빠져 죽는 장면이 없는데, 이는 후대에 심청전을 쓴 사람이 송나라 때 이전의 소설을 모은 창고라 할 수 있는 중국야사 태평광기(太平廣記)에 있는 인신공회 설화를 일부분 가미하고 윤색한 것으로 보인다.

백매자 선사는 또 심청을 충청도 대흥 출신으로 기재했으나, 이는 1700년 전 백제국 대방군 대흥현으로 그 당시 이름은 충

청도 대홍현이라 할 수 있으니 지금 전라남도 곡성의 옛 이름
이다.

실존인물 심청의 탐구 과정에는 곡성출신 심청 외에, 화성
출신 심청과 황주 출신 옹진 심청 등도 등장한다.

화성 심청은 경기도 화성시 서신면 홍법마을의 홍랑에 관한
설화로 마을을 구하고 중국에 끌려가 왕후가 되고 돌배와 무
쇠장수를 보내왔다는 것인데, 심청 얘기와는 다른 후세의 이
야기이며, 지금 조계종 용주사 말사인 서신면 홍법사에서는
홍랑각을 세워 이를 추모하고 있다.

황주 출신 심청이 옹진군 백령도 장산곶 인당수에 빠졌다는
것은 인위적인 요소가 강하다고 할 수 있으며 실증적 자료는
나오지 않고 있다.

옹진군 백령도에는 공양미 3백 석에 몸을 던졌다는 인당수
와 그녀가 환생했다는 연봉바위 등이 있으며, 백령도 진촌리
남산 기슭에는 심청각이 건립되어 있다. 일부에서는 인당수를
변산바다 앞 위도의 임수도와 위도 수성당으로 보고 당제를
지내 안전항해를 기원한 곳이라고 한다.

역사적으로 보면, 한국 역사에 있어서 곡성 출신 심청과 비
슷한 사례가 있을 수 있고, 그에 관련한 많은 설화를 탄생시
킬 가능성이 있다 하겠다. 왜냐하면 우리나라 영산강(나주 중
심)과 섬진강, 보성강(곡성 중심) 줄기를 따라 중국 주산군도
(보타도 중심)를 연계하여 동북아 해상무역이 활발하게 이루
어진 것은 비류백제 초기부터이기 때문이다. 중국 영파시 하
무도에서 신석기 유적이 발견됐는데, 한·중·일 교류는 고대
로부터 시작된 것 같다. 2천여 개 섬으로 이루어진 주산군도

의 주산해민을 중심으로 백제담로국인 주산해국이 존재하여 백제에 조공하였으며 특히 백제 근초고왕 27년인 서기 372년 정월에 동진이 조공한 이후 모든 지나 남조 정권과 밀접히 교역하였다고 한다.

주서(周書) 권 49 백제전에 의하면, '백제는 진, 송, 제, 량 때 강좌(江左)에 웅거하였으며, 후위가 중원을 차지한 후에는 양측에 모두 사신을 보내어 번(藩)을 칭하면서 벼슬을 받았다.'고 한다.

강좌인 강소성, 절강성에 백제 번을 자청한 세력들은 중국 4대 불교성지의 하나인 주산군도의 주산해민이 진출한 것으로, 이들이 중국대륙 깊숙이 교역권을 확대하였다.

심청을 낳은 곡성군은 우리나라 신선도(도교 포함) 5상의 하나인 효, 유교 3강 5륜의 중심인 효, 불교 부모은중경의 효와 윤회사상을 전파하기 위하여 심청사업을 군 역점 사업으로 해오고 있다.

저자는 곡성 심청마을과 주산군도 보타도 심가문진, 심청사당 등을 한국교수불자연합회 교수들과 탐방한 바 있다.

심청골 곡성군은 학술비를 지원하며 '곡성출신 실존인물 효녀 심청의 역사적, 국문학적 고증'이라는 보고서를 내게 했으며, 효운동본부는 2001년부터 해마다 '효문화 전국축제'와 '심청국제학술 심포지엄'을 열고 있으며 국·도비를 지원받아 심청문화센터와 심청테마마을을 조성하고 단군전 조성사업, 광복 유공자 기념공원도 조성하고 있다.

곡성군은 또 심청이 양녀로 간 회계국이었던 중국 절강성 보타구와 우호교류 협약을 체결하여 매년 공무원 교류와 문화교류를 하고 있고, 보타구에 심청우호공원, 심청사당과 전시관을 조성했다.

농민운동가요 효자로 알려진 고현석 전 곡성군수는 처음으로 "심청축제, 심청문화센터, 심청마을의 3개 사업으로 출발하였다. '효'라는 인류의 보편적 가치를 추구하는 중심으로 수차례 국제학술대회를 개최하고 중국 보타구와 상호 문화교류를 실행함으로써 어느 정도 자신감을 갖게 되었다."고 전제하고, "건강하고 풍성한 심청문화가 창조되어 인류문화에 기여하게 될 날을 꿈꾼다"고 고 군수는 말하였다.

소설 심청전은 조선왕조 때(서기 1544년) 옥과 현감을 지낸 김인후의 작품으로 알려져있다.(박혜범, 원홍장과 심청의 만남, 122쪽 참조)

역사적으로 심청을 기리는 작품은 소설 심청전 뿐만 아니라 동화책, 판소리 심청가, 드라마 심청전, 영화 심청전 등 많이 있으나 심청의 원 이름 '원홍장 찬가'가 그 중에서도 두드러진다. 시인 허연씨가 쓰고 인간문화재 5호인 국창 성창순씨가 작창하여 심청가 판소리를 CD로 제작하였다.

이를 보면 다음과 같다.

(1) 자색이 예쁜 홍장 그 나이 열여섯에 앞 못보는 아비 위해 큰 시주 되었겄다. 화주승 따라가는 길 피눈물로 적시고

(2) 부녀간의 슬픈 이별 고향을 등진 설움 달래며 산을 넘고 고개 또한 넘고 넘어 소랑포 언덕에 쉬며 먼 바다를 봤거든.

(3) 붉은 빛 배 두 척이 나루에 다다르자 금관 옥패 눈부시게 사자들이 내려와서 엎드려 황후마마라 하니 꿈인 듯이 놀랐겠다.

(4) 진나라 임금께서 꿈에서 들은 대로 금은 보화 가득 신고 동국으로 보낸 이들 한눈에 알아봤다. 부처님의 조활세.

(5) 아버지 위한 그 몸 착한 씨앗 되어야지 폐백과 보물들은 홍법사에 시주하고 기쁘게 입궐을 하던 홍장규수 그 얼굴

(6) 둥근달로 보신 임금 별빛으로 뵈도 두눈 귀엽고 아름답고 하늘보다 자애로운 마노탑 삼천이라도 사랑 다 바쳤으니

(7) 황후의 크신 원불 관음상을 지으시고 보내신 그 인연이 낙안포에 닿았으니 어쩌다 성덕아가씨 마중을 받았을까.

(8) 홍모같이 가벼운 듯 등에 업고 돌아오다 대취정에 쉬었다가 새암정에 쉬었다가 구일정(九日亭)에 쉬었다 머무는 동안 모실 곳을 찾았것다.

(9) 백아산도 추월산도 설산도 생각다가 하누재 겨우 넘어 관음사 터를 잡아 그렇게 모셨다더니 크신 공덕 어쩔꼬.

(10) 부처님 높은 은혜 원봉사는 눈을 뜨고 아흔 다섯 장수 누려 행복하게 살았다네 홍장도 고국을 위해 목탁치며 사셨다네.

| 제 7장 |

신라 민족통일과 불교

천년제국 신라는 520년간의 4국시대에서 가야를 멸망시키고 3국 쟁패시대(98년간)를 통일하며 남신라 북발해(후고구려)의 남북국시대를 거쳤고, 우리나라는 다시 고려로 통일하게 된다.

신라가 통일하게 된 것은 통치체제의 정비, 화백(和白, 고루살이), 화랑제도와 당나라와의 외교(사대주의에 대한 비판이 있음) 등이 중요하지만, 전 국민을 화합시킨 대자대비사상의 불교 영향력도 대단히 중요하다.

태종무열왕 김춘추와 함께 4국 통일에 기여한 김유신 장군은 백제가 망하고, 고구려가 망하기 직전인 서기 668년 6월 아우와 가족들에게 "신라는 충신(忠信:충성심과 믿음)으로 살아남고, 백제와 고구려는 오만과 교만으로 무너졌다"고 하면서 정신력이 중요하다는 지적을 했다.

중국에 불교가 인도에서 전해진 것이 기원전 2년이고, 가야에 불교가 전해진 것은 서기 48년이어서 차츰 전국적으로 퍼졌지만, 삼국사기나 삼국유사는 서기 372년 고구려 소수림왕 2년 순도에 의해서 처음 공전되었다고 한다.

순도조려, 마라벽제(마라난타가 서기 384년 침류왕 원년 동

경주 토함산 석굴암 본존불

진의 호승으로 불교를 전래), 아도기라(阿道基羅, 아도화상이 눌지왕 때 신라불교의 기초를 닦았다)라고 삼국유사는 전하고 있다.

아도는 조위 제왕 때 고구려에 사신으로 왔던 아굴마와 고구려 고도령 사이에 태어나서 16세에 위나라에 가서 아버지를 찾아보고, 현창화상의 밑으로 출가하여 불법을 배우고 고구려로 돌아와 이불란사 주지를 했다.

고도령은 아들 아도에게 "앞으로 계림(신라)에 불교가 흥륭할 것인데, 이는 계림이 석가모니불 이전의 제 6 가섭불의 가람터가 있기 때문이다. 천경림(흥륜사), 영흥사, 황룡사, 분황사, 영묘사, 천왕사 담엄사가 그곳이다. 네가 그곳으로 가서 불교를 전파하면 너는 이땅 불교의 개조가 될 것이다."라고 말하였다.

묵호자(墨胡者)라는 별명을 가진 아도는 고구려에서 남하하여 신라 일선군 모례 집에서 전교하다가 선산 도리사에 이어

엄장사에서 전교하였다.

불교가 신라에 토착화하는데 우여곡절이 있었고, 지증왕 때에는 왕실은 불교를, 귀족들은 신선도를 고집하여 갈등을 겪었다.

법흥왕이 들어서면서 서기 527년 이차돈(異次頓, 본명 박염촉)의 순교(이차돈이 불교를 위해 순교할 때 목을 치면 흰 피가 나와 불교의 진리성을 입증할 것이라 했는데 실제로 그렇게 됨)로 불교가 완전히 공인되었다. 따라서 행정구역에 따라 국통, 주통, 군통 등 승관을 두어 신라사회의 지도층이 되고 크게 번창하였다.

그리하여 나라에 큰 스님이 많이 배출되었는데, 원광(화랑도 세속 5계), 자장(계율종 개창), 의상(해동 화엄종 개조), 원효(크게 깨달은 성인, 불교 화쟁사상), 혜초(왕오천축국전의 저자), 도의(조계종 개창), 김교각(육신 지장보살), 무상정중(중국 마조 도일화상의 스승), 원측(유식학자 법상종, 서안 흥교사에 원측탑이 있음) 등이다.

이분들 가운데 신라의 민족4국 통일을 이루는데 불교사상적 기초를 제시한 것은 원효대사의 화쟁(和諍)사상이다. 화쟁은 종교대립 이론을 지양하여 더 높은 차원에서 일심회통(一心會通)으로 화합조화시키는 통불교사상이다.

쟁(諍)은 각자가 옳다고 주장하는 말이나 글로서 대립·갈등·분쟁을 일으키는데 이를 화(和) 즉 화합·화해·조화 시키는 것이다.

원효대사는 이 사상을 십문화쟁론(十門和諍論)이라는 저서에서 다뤘다. 원효대사는 그 밖에 대승기신론, 금강삼매경론,

법화경 종요, 열반경 종요 등의 많은 저서를 남겼다. 원효대사는 의상과 당나라 유학을 떠나다가 화엄경의 '일체유심조'를 깨치고 견성오수(見性悟修)의 노력으로 일상에 걸림이 없는 무애행을 하였다.

원효대사 초상

그리하여 원효대사는 각자의 입장과 이익에서 싸우는 분쟁을 한마음·한지혜로 한 차원 높여 해결해 나갔다. 모두 윈윈(win win)하는 해결이다. 상생(相生)해결 즉 일정한 1차원의 선을 놓고 두 사람이 많이 가지려고 서로 싸우면, (예를 들어 100㎝길이를 서로 많이 가지려고 싸우는 경우) 지혜로 한 차원 높여 2차원인 면에서 다루면 저절로 해결된다. 왜냐하면 면에는 1차원인 선은 무수히 많기에 싸울 일이 없기 때문이다. 2차원인 면을 많이 차지하려고 싸운다면, 한 차원 높여 3차원 입체에서 해결하면 된다.

3차원의 분쟁 문제는 한 차원 높여 4차원(입체공간+시간)에서 해결하면 쉽게 풀린다. 그렇게 하면 모든 분쟁 문제가 다 해결된다. 구세의 원효대사는 또 대승기신론에서 우주는 1심(一心)이고, 2문(二門, 진여문과 생멸문)이며, 3대(三大, 본체·형상·작용體相用)인데, 4신(四信, 진여·불·법·승 3보를 믿음)과 5행(五行, 보시·지계·인욕·정진·선정)으로 6자(六字, 南無阿彌陀佛, 칭불 나무아미타불)에 귀의하여 유심정토(唯心淨土)를 이루는 것이 불교의 핵심이라고 밝혔다.

무애행 원효대사는 또 "내버려둬라, 이것도 지나가고, 저것도 지나간다"고 착각에 연연하지 말라고도 했다.

제6가섭불의 불국정토였던 경주에는 불국사와 함께 토함산에 동해를 바라보는 자리에 세계 제일의 거룩함을 지닌 석굴암 석가모니 불상이 천 수백 년째 빛을 발하고 있다. 일월등명이 모두 광명이다.

〈 동방의 등불 〉

인도의 시성으로 노벨 문학상을 받은 라빈드라나드 타고르(R.tagore)는 일제강점으로 신음하는 조선민족에게 1929년 4월 2일(동아일보) '조선에 부탁'이라는 제목의 시를 게재하여 희망과 긍지를 준바 이는 그의 시집 기탄자리에 '동방의 등불'로 실렸다.

일찌기 아시아의 황금시대에
등불의 하나인 코리아
그 등불 다시 한 번 켜지는 날에
너는 동방의 밝은 빛이 되리라

마음에는 두려움이 없고
머리는 높이 쳐들린 곳
지식은 자유스럽고
좁다란 담벽으로 세계가 조각조각 갈라지지 않은 곳

진실의 깊은 속에서 말씀이 솟아나는 곳
끊임없는 노력이 완성을 향해 팔을 벌리는 곳
지성의 맑은 흐름이
굳어진 습관의 모래벌판에 길 잃지 않는 곳

무한히 퍼져나가는 생각과 행동으로
우리 마음이 인도되는 곳
그러한 자유의 천국으로
내 맘의 조국 코리아여! 잠에서 깨어나소서.

| 제 8장 |

대무신제 · 부여태후 · 을밀선인

광활한 동북아 대륙에 농업, 목축업, 수산업은 물론 제철산업과 기보병 등의 부국강병으로서 기마민족의 웅혼무비한 기상을 세계에 떨친 정복국가가 고구려인데, 민족전통 도맥이 신선도 수련으로 강한 정신력을 가진 선인들도 많이 배출되었고, 불교가 일찌기 소수림왕 때 전해졌다.

그에 관련, 대무신제 · 부여태후 · 을밀선인을 우선 차례대로 알아본다.

동명성제를 이은 유리제(유리명제)도 영토 확장에 힘썼고, '황조가'라는 노래시를 남겼다. 쌍쌍이 놀고 있는 꾀꼬리(黃鳥)를 보면서 그는 자신의 두 계비인 화희와 치희의 사랑싸움에서 마침내 치희를 잃은 슬픔과 외로움을 읊은 것으로 보인다.

훨훨나는 꾀꼬리는
암수 다정히 즐기는데
외로울사 이 내몸은

뉘와 함께 돌아갈꼬.

동명성제와 유리명제의 업적을 이어서 고구려의 기틀을 다진 황제가 유리명제의 셋째 아들 대무신(大武神)제이다.

그는 우선 동부여와 최씨 낙랑국을 정벌했다. 대무신은 테무진(징기스칸)의 어원이라고 한다.

대무신왕의 이름은 무휼인데, 즉위 3년 후 동부여 대소왕이 고구려를 협박하기 위하여 사신을 보내왔다. 부여 사신은 붉은색 까마귀를 고구려에 주었는데, 머리는 하나이고 몸은 둘인 새였다.

이는 장차 동부여가 고구려를 병합할 것이니 항복하라는 뜻이었다.

대무신제는 신하들과 의논하고 부여 사신에게 대답했다.

"검은 색은 북방이고, 남방은 붉은 색인데 새가 변하여 붉은 색이 되었고, 이는 상서로운 물건인데 부여에서 얻어 우리에게 보내니 두 나라 운명이 어찌될 지는 그대가 알 것이다."

그 말을 전해들은 동부여 대소왕은 크게 놀랐고 후회했으나 엎질러진 물이었다.

대무신제는 즉위 4년 12월, 5만 대군을 동원할 수 있는 동부여를 공격해 들어갔다. 이듬해 동부여군의 기습을 받아 한때 진흙수렁에 빠져 고생도 했으나, 괴유 장군이 대소왕에게 달려들어 대소왕의 목을 베어 버렸다. 그래도 양군의 대치상태는 계속되었다.

전쟁에서 승리하지 못한 대무신제는 하심으로 온 국민의 화합을 기했으나, 동부여는 대소왕이 죽고 대소형제 중에 누가 왕이 될 것인지를 두고 내분에 휩싸였다.

왕위 경쟁에서 패한 대소의 아우가 부여를 탈출해 갈사국을 세웠는데, 이 나라는 46년 후에 고구려에 항복한다.

이어 대소왕 4촌 동생이 부여가 분열로 망할 것이라 생각하고 백성 1만 명을 이끌고 고구려에 스스로 항복해왔다. 대무신제는 그에게 연나부에서 살게 하고 낙씨왕이라 부르게 했다. 제후였던 셈이다.

그 후 대무신제는 직접 개마국을 정복하고, 구다국은 스스로 항복해왔다.

서기 28년 한나라 요동태수가 대군을 거느리고 쳐들어왔으나, 좌보 을두지의 계략대로 천하요새인 위나암성에 들어가 방어하니 한나라 군대는 견디지 못하고 퇴각했다.

대무신제는 서기 37년 강국인 최씨 낙랑국을 멸망시켰다. 낙랑국을 굴복시킬 수 있었던 것은 둘째 황후인 부여공주의 아들 호동왕자의 역할이 컸다.

호동은 5년 전 낙랑국을 방문한 바, 낙랑왕 최리의 신임을 얻어 그의 사위가 되었다.(낙랑공주) 그러다가 호동은 낙랑공주에게 낙랑의 보물인 자명고(自鳴鼓, 적군이 오면 저절로 소리를 내는 북)를 부수게 했다.

을밀선인이 살고 교육하던 평양 을밀대

호동왕자와 낙랑공주의 비극이 생긴 것이다.

대무신제는 검은 고양이든 흰 고양이든 쥐만 잡으면 된다는 생각이었다.

그는 자명고가 부서졌다는 보고를 받고 낙랑국을 기습 공격했다. 결국 최리왕은 항복을 하여 멸망하게 되었다. 낙랑공주는 자결하게 되었고, 호동왕자도 끝내 자결했다.

대무신제의 첫째 황후는 둘째 부인이 낳은 호동을 미워하여 자기에게 추태를 부렸다고 음해한 바, 대무신제가 의심을 하자 호동이 깨끗이 자결한 것이다.

고구려 왕가에는 취수제란 것이 있어 형이 죽으면 아우가 형수를 취하거나 때로는 아버지가 죽으면 아들이 어머니를 취하게 하는 습속이 있었다.

호동왕자를 죽게 한 대무신제 첫째 황후는 그 아들 해우를 태자로 만들었으나, 대무신제 붕어 시에 너무 어려 즉위하지 못하고 대무신제 아우 해색주가 이어 민중왕이 되었으나, 5년 만에 죽자 해우가 올라 모본왕이 된다.

모본왕은 흉년이 들자 구휼미를 보내 굶주린 사람을 구제하고, 서기 49년에는 장수를 보내어 후한의 우북평(지금의 북경 지역) 어양, 상곡을 점령하고 기마병으로 산서성 태원까지 원정하여 영토를 확장하였다.

그런 모본왕을 포악한 왕으로 내어 몰고, 왕의 시종인 두로로 하여금 모본왕을 시해하게 했다. 그 배후가 궁금하지 않을 수 없다.

여기에 혁명을 일으킨 여걸로 당나라 측천무후에 비교되는 사람이 부여태후 해씨이다. 부여태후는 동부여에서 항복해온 낙씨왕 연나부 우두머리 사람으로 추정된다.

모본왕이 죽자 다음 왕은 누가 될 것인가?

당연히 모본왕의 태자 익이 등극해야 하나 왕실의 종친, 고위관리, 부족장 등이 모인 제가회의에서 국인들은 그를 제치고 7살 된 어수(궁)인 모본왕의 사촌이 즉위했다. 이 분이 태조대왕이고 그 어머니가 부여태후였다.

부여태후는 왕비도 아니었고, 그 부군인 재사가 왕위계승에도 제외된 것은 부여태후의 집권욕에 따른 수렴청정으로 귀착된다.

부여태후는 태조대왕의 어머니로 남편의 도움 없이 스스로 수렴청정을 하여, 권력을 잡은 여걸이었다.

부여태후는 서기 55년 후한의 침입을 막기 위해 요서지방부터 우북평, 태원까지 10개의 고구려 성을 쌓게 했고, 다음해 7월에는 함경도 일대의 동옥저와 그 아래 동예맥을 정벌했다. 그리하여 고구려는 동으로 동해, 북으로는 흑룡강성, 서로는 태원, 남으로는 대동강에 이르는 땅을 차지하게 되었다.

부여태후는 태조가 14살이 될 때부터 왕권을 넘겨주기 시작하여 3년 후 완전히 물려주고 가족도 화목하였다 한다.

금수강산 제일의 풍경으로 고구려의 수도였던 평양 대동강변 금수산에는 을밀선인이 세우고 산 을밀대가 있다. 을밀선인은 안장제 때 조의 선인이 되어 국가에 공을 세웠다. 그는 개국공신 을소와 명재상 을파소의 후예로 삼신을 믿고, 삼경을 읽고, 활쏘기를 익히고, 의용으로 수련하고 참전계를 지키며 봉공하니, 일세의 조의였다. 그 무리 3000이 운집하여 다물흥방지가(多勿興邦之歌)를 제창하고 이로 인하여 가히 그 몸을 버려서 뜻을 온전히 하는 기풍(捨身全義之風)을 일으킨 사람이었다.

〈 다물흥방지가 〉

먼저 간 사람이 법(法)이 됨이여
뒤의 사람의 위가 된다네.
법이 되는 것은 고로 불생불멸(不生不滅)하고
위가 되는 것은 고로 무귀무천(無貴無賤)한다네.

사람의 몸속에서 천지가 하나 됨이여

마음과 몸은 본래부터 하나라네.

고로 허(虛)와 조(粗)가 같나니

근본은 유신(唯神)과 유물(唯物)이 둘이 아니기 때문이라네.

진(眞)이 만선(萬善)의 극치가 됨이여

신은 일중(一中)에서 극치를 주재(主宰)한다네.

고로 삼신(三神)은 일중(一中)으로 귀일(歸一)하고

고로 일신(一神)이 곧 삼(三)이라네.

천상천하유아자존(天上天下唯我自存)함이여

다물은 나라를 일으킨다네.

자존은 고로 무위지사(無爲之事)에 있고

흥방은 고로 불언지교(不言之敎)를 행한다네.

진명(眞命)이 커져서 성(性)을 낳아 광명에 통함이여

집에 들면 효도하고 밖에 나면 충성하나니

광명은 고로 중선무불봉행(衆善無不奉行)하고

충효는 고로 제악일체막작(諸惡一切莫作)한다네.

오직 백성의 의로운 바는 곧 나라를 중히 함이여

나라가 없으면 어찌 태어나리.

나라가 중하니 고로 백성이 물(物)이 있어 복이 되고

내가 나온고로 나라에는 혼이 있어 덕이 된다네.

혼이 생(生)이 있고 각(覺)이 있고 영(靈)이 있음이여

일신(一神)이 유거(攸居)하니 천궁(天宮)이 되고

삼혼(三魂)은 고로 지(智)와 생(生)을 쌍수(雙修)한다네.

일신(一神)은 고로 형(形)과 혼(魂)이 또한 구연함을 얻는
다네.

우리 자손들이 나라를 위하도록 함이여

태백교훈(太白敎訓)은 우리의 스승이라네.

우리 자손들은 통합되고 불균(不均)함이 없다네.

우리의 스승은 고로 가르침에 불신(不新)이 없다네.

제9장

전륜성왕 광개토대제

역사는 흐른다.

동명성제에 이어 만주 벌판을 백마를 타고 휩쓸며 동북아 대륙에 광활한 영토를 개척하여 세계만방에 한민족의 웅혼한 기상을 떨치고 신선도와 함께 대자대비의 불교를 크게 펼친 불세출의 영웅 광개토대제. 그는 환한 평화국가를 만들고 고구려 대제국의 완성자인 전륜성왕이었다.

그는 삼한 땅은 물론 부여·연·제·위 등 만주·몽골과 감숙성 이동의 아시아 대륙과 주변 열도를 직·간접으로 통치했다. 그 정벌·통치에 대하여 개괄적으로 알아보고 자세한 것은 남당 박창화 선생의 고구려사 초략 '영락대제(광개토대제)편'을 보기로 한다.

광개토대제는 그 부친 소수림제의 고구려 흥륭치적의 뒷받침으로 그런 대제국을 건설하였고, 열린 고구려로서 세계로 뻗어나가 세계 각국과 문물을 교류했는데, 중국의 당과 백제, 신라, 가야, 야마대는 물론 후연, 몽골, 돌궐, 페르시아, 신강,

인도, 구차, 수메르, 티벳, 사마르칸트, 키르키스탄 등 서역 36
국이었다.

특히 중앙아시아 진주라는 우즈베키스탄 사마르칸트에는 광
개토대제가 특별사신을 파견한 바, 아프라시압 궁전벽화에는
상투머리에 조우관을 쓰고 환두대도를 찬 두 고구려 사신 유
적이 남아있다.

소수림제는 전진과 우호관계를 맺고 전진왕 부견이 보내온
승려 순도를 맞이하여 불교를 공식적으로 수용하였다. (서기
372년)

소수림제는 신교인 신선도를 존중하면서도 순도를 왕사로
삼고, 종실의 자녀들에게 불경을 배우게 했다.

3년 후 상원을 초문사로 하고 순도로 설법하게 했고, 침태는
이불란사로 하여 전진에서 온 아도가 설법하였다.

고구려 승려로 제일 뛰어난 스님은 백족(白足) 화상이라고
도 불렸던 담시스님이다.

소수림제는 곧 태학을 세워 교육제도를 정비하고 이듬해 율
령을 반포하여 국법체계를 튼튼히 했다.

소수림제, 고국양제 다음에 광개토대제가 광명전에서 즉위
했는데(서기 391년, 휘는 담덕, 연호는 영락) 어머니 원강 황
후는 소수림제와 고국양제의 부인이었다.(취수혼)

광개토대제는 서쪽으로는 후연을 쳐, 요동지방을 완전히 차
지하고 동북쪽의 숙신을 복속시켰으며, 서북쪽으로는 거란을,
남으로는 백제를 정벌하여 석현 등 10여 성을 빼앗고, 한강유

역 여러 성과 읍을 차지하였다. 관미성도 빼앗았다.

이 때 조선반도에서 광개토대제의 정복에 따라 백제, 가야 등에서 유민이 많이 왜국으로 건너갔다.

광개토대제 3년 5월에 평양황후의 꿈에 부처가 오시어 동자를 내려주며 이르기를, "이 아이가 아미타불(阿彌陀佛)이니라."고 했다.

다음해 2월 평양황후가 아들을 낳으니 거련(巨連)이라 한 바, 이 분이 장수 대제이다.

광개토대제가 이 일로 평양과 국내성, 환도성, 동도, 서도에 9개의 절을 짓게 하니 불도가 널리 퍼졌다.

대제는 또 인도의 마가다국 마우리야 왕조 전륜성왕 아쇼카왕(阿育王 또는 育王)이 처음 인도를 통일하고 불탑을 세우며 인정을 베푼 것처럼 서도인 요동성에 육왕탑(育王塔) 즉 7중의 목탑인 불탑을 세워 부도탑으로 신심을 일으키게 한 전륜성왕이었다고 삼국유사는 삼보감통록을 인용했다.

광개토대제는 5년 염수가 있는 비라국 토벌에 나서 700여 부락을 깨뜨렸다.

이어 다음해에는 친히 수군을 거느리고 백제를 정벌하여 58성 700촌을 함락하고, 아신왕의 항복을 받았으며 또 신라의 요청에 따라 신라를 침공해온 왜군을 5천 기병 대군으로 낙동강 유역에서 대파했다.

영락 10년 광개토대제는 대마도인 임나가라 3국을 쳐 모두 복속시켰다. 고구려에 속했던 인위가라는 물론 신라에 속했던 좌호가라, 백제에 속했던 계지가라를 고구려가 직할 통치했다.

광개토대제가 세운 평양시 고구려 사찰 정릉사

　광개토대제가 사방으로 정벌하여 공파한 곳이 64성 1,400여
읍에 이르렀다고 한다. 광개토대제는 전쟁에 임하면서 치우천
황에게 제사를 지냈고, 진중에서는 어아가를 부르게 하고 말
을 타고 순수하여 마니산 참성단에 올라 삼신을 천제하고 천
악(天樂)을 사용했다.

　광개토대제 12년 9월, 동명대제를 거행했다. 신라, 백제, 가
야, 왜, 진(秦), 진(晉), 연, 맥 등 8개국 여인들이 춤사위를 올
리고 곡을 붙여 바쳤다.

　대제는 "모두 우리의 영원한 신민이 되어 너희 나라에 널리
짐의 교화가 미치게 하라. 돌아가거든 너희 왕에게 일러 자녀
를 보내 학문을 연마케 하라."고 일렀다.

〈 영락대제(永樂大帝, 광개토대제) 편 〉

전해오길 제는 휘가 담덕(談德)이다. 모친은 연(淵)씨로 천강상 태후로 불렸으며, 천원(天原)공 림(琳)의 딸이고, 꿈속에서 신록과 교호하여 제를 낳았다. 모습은 그윽하면서도 크고 듬직하였으며, 큰 무인의 기풍을 가졌었다.

수림(獸林)이 나라를 물려주라고 명하였기에 장자인 강(岡)은 물러나서 선종(仙宗)이 되었다. 어릴 적부터 군대의 일을 좋아하고 병서를 읽었으며, 정사에 간여하였더니, 연도(淵韜)가 두려워하였다.

◎ 원년(서기 391)신묘, 6월 대행을 고국양에 장사하였다. 순장을 금하고, 진귀한 보물도 부장하지 말라 하였으며, 단지 연호를 두고 공덕을 기록한 비석만을 세우게 하였다. 천강을 황태후로, 토산을 황후로, 태자를 태보로, 연억을 좌보로 붕련을 우보로 삼았다. 면형(免衡)은 중외대부로 삼았는데, 천원공 림의 서자이다. 그의 어미가 면가의 딸이어서 형은 면가의 손자가 되었다. 상이 동궁에 있을 때 누차 외롭게 직간하더니, 이때에 이르러 발탁되어 연도(淵韜)를 대신하게 된 것이었다.

7월 신라 내물왕인 내밀이 사신을 보내서 주문하며 부의하고는 두 딸을 바칠 터이니 시첩으로 삼아 달라고 청하기에, 이를 허락하였다.

상이 군신들에게 "지금 4해의 모든 나라들이 연호를 세우지 않은 곳이 없는데, 유독 우리나라만이 없는 지가 오래 되었소. 3대(=추모·유리·대모) 시절에 건원하던 예를 살펴 응당 새 연호를 세워야 할 것이오."라 일렀더니, 이 명을 따라서 춘(春)태자가 호를 올리길 '영락(永樂)'을 연호로, 평안(平安)을

휘호'로 하시자고 하였고, 상이 좋겠다고 하였다. 상이 태후에게 아뢰길 "백제(伯帝:先帝 고국양의 형인 獸林)의 딸 평양(平陽)은 짐을 섬김에 정조가 있었으며, 지금 다시 딸을 낳고, 여러 번 자신의 동생 강에게 일러서 짐에게 사위를 양보하게 하였었습니다. 그 공이 적지 않으니, 역시 후로 삼았으면 합니다. 어떠신지요?"라 하니 천강은 "천하의 일은 오로지 폐하께서 주관하시는 것인데, 노첩이 어찌 알겠소이까?"라 하였다. 상은, 이에 면형에게 명하여, 평양을 새 궁전으로 맞아들여 황후로 책봉하고 토산의 경우와 하나같게 하였다. 평양은 수림제 원비 연씨의 소생으로, 젊어서는 선약(仙藥)을 즐겨 하였고, 요조의 덕이 있었다. 행실이 깔끔하였고 정조를 지켜서, 나이가 2기가 넘도록 다른 이를 곁눈질 하지 않았었다. 상이 잠저 시절에 평양을 궁인으로 삼았더니, 승은을 입어 딸을 낳았고, 이제 다시 딸을 낳고서 황후로 올려진 것이었다. 나이는 서른 셋이었다. 후는 성덕이 있어서, 상은 큰 일이 있을 때마다 꼭 의논하고 행하였다.

9월, 상이 태후 및 두 후와 함께 졸본의 시조 사당을 찾아 사위하였음을 고하고 종척들에게 연회를 베풀었으며, 죄인들을 풀어 주고 사궁(四窮:홀아비·과부·고아·무자식노인)들을 구휼하였고, 백성들에겐 재화를 나누어 주고 효행한 이들을 포상하였다. 10월에 서도(현 北京주변)로 돌아와서도 역시 그와 같이 하였다. 12월, 수림제 원비 연씨를 연태후로 하고, 년공 및 궁실·거마·노비를 내려주어서 태상후 해씨와 같게 하였다. 평양의 동생 강을 선왕(仙王)으로 삼고, 3일간 도장을 열어 주었다. 연도에게 명하여 책성(柵城)을 지키게 하였다.

◎ 2년(서기 392)임진, 정월, 서구를 보내 신라왕 내밀의 딸들을 맞아들이게 하여서, 운모와 하모를 좌·우 소비로 삼고 보금(寶金)은 비빈들이 있는 궁의 대부로 삼았다. 보금은 내밀의 조카로 키도 크고 유식하였다. 홀로 된 공주 천성(天星)을 처로 주었다. 천성은 태상후 해씨 소생이다.

3월, 토산후가 아들 경을 낳고, 천강태후가 딸 천룡을 낳았다. 나라의 토지 신과 조종을 모시는 사당을 세웠다. 5월, 초하루 정묘일에 일식이 있었다. 상이 태후와 함께 온탕에 가서 선제를 기리는 도장을 7일간 열었다. 두 후도 상을 따라갔었다.

7월, 상이 4만병을 이끌고 친히 백제왕 진사를 정벌하여서, 석현에서 진가모를 참하고, 네 길로 나누어 그들의 성과 성채 12개를 빼앗았다. 9월 군대를 옮겨서 거란을 공격하여, 남녀 3천 5백구를 사로잡았고, 유민과 잡혀갔던 이들 만여명도 데리고 돌아왔다. 백성들 모두가 머리에 수유가지를 꽂고 축하하였다. 이것이 '9월 9일' 중구절의 풍속으로 되었다. 10월, 또다시 수군과 육군을 이끌고 일곱 길로 나누어서 관미성을 주야 20일을 쉼 없이 공격하여 빼앗았다. 그 성은 사면이 가파르고 험하여 해·수로 둘러싸여 있었다. 진사는 함락되지 않으리라 여기고, 자기 처 가리와 함께 구원에서 사냥하며 열흘 여를 지내면서 우리가 물러나길 기다리다가, 이때 함락되었다는 소식에 놀라서 자빠지더니 끝내 일어나지 못하고 죽었다. 이에 가리가 침류의 아들 아신으로 대신하게 하였다.

◎ 3년(서기 393)계사, 5월, 상이 태후와 함께 온탕 도장엘

갔다. 새고기가 올라온 것을 보고는 무슨 새인가 물었더니, 포곡이라 답하기에 물리라고 하였다. 평양이 "태후께서 좋아하신다"고 하였더니, 상은 "태후께만 드리시오"라 하였다. 이에 태후가 "폐하께서 아니 드시는데 어찌 감히 첩이 먹겠습니까?"라 하였다. 이때부터 나라 사람들은 포곡을 먹지 않았다. 7월 거란을 쳐서 천서를 빼앗았다. 상이 두 후에게 명하여서, 친히 나라 안의 건장한 여인들을 가려 뽑아서 병사로 삼고, 말타기와 활쏘기를 연습시키게 하였다. 평양후의 꿈에 부처가 오시어 동자를 내려주며 이르길 "이 아이가 무량수(無量壽 아미타불)이니라"라고 하였다. 상이 이 말을 듣고 평양(平壤)과 도성 세곳(東都·西都·北都＝丸都)에 절을 짓게 명하였으며 불도가 널리 퍼졌다. 이것이 아홉 절의 유래이다.

8월, 백제왕 아신이 우리가 거란을 정벌한다는 소리를 듣고, 우리의 나라 안이 비었을 것으로 여기고, 진무로 하여금 석현성을 치고 또 관미성을 쳤으나, 이기지 못하고 돌아갔다. 여름부터 왜가 신라를 누차 침략하였다. 금성을 닷새 동안 포위하였다가 물러나니, 추격하여 독산에서 협공하여 모조리 죽였다. 이를 독산참왜라 한다. 탐라주 월손이 찾아와 항복하고 토산물을 바쳤다.

◎ 4년(서기 394)갑오, 2월, 평양의 아들 거련(巨連)을 낳았다. 생김새가 심히 듬직하고, 목소리도 웅장하였으며, 나면서부터 눈을 뜨고 앉을 수 있었다. 상이 "이 애가 태조를 닮았구먼"이라 하고는, 후에게 이르길 "그대가 선(仙)을 좋아하더니만 이렇게 훌륭한 아이를 낳았소, 선(仙)이 불(佛)보다 못한

것은 아닌가보오"라 하더니 선원(仙院)들을 수리하라고 명하였다. 7월, 진무(眞武;백제)가 또 쳐들어왔기에, 상이 기병 5천으로 수곡성 아래에서 맞싸워서 거의 모두를 참살하거나 사로잡았더니, 남은 무리는 골짜기에 숨었다가 야밤에 달아났다. 8월, 남쪽 변방의 일곱성을 수리하게 하였다. 백성들의 노고가심하였기에, 잠시 동안 절과 선원을 짓는 공역은 쉬게 하였다. 연도를 우보로 삼았다.

◎ 5년(서기 395)을미, 2월, 천강태후가 온탕에서 아들 담총을 낳았다. 상은 비리가 점차 왕의 가르침을 어기기에, 친히파산·부산(富山)·부산(負山)을 정벌하고 염수(鹽水)까지 이르면서, 그들의 부락 700여 곳을 깨뜨렸고, 소·말·양·돼지를 노획한 것이 만으로 셈이 되었다. 두 후 역시 기마하여 상을 따랐다. 상이 토후는 임신중이라 말렸어도 듣지 않았고, 돌아와서 딸을 낳았더니, 이름을 삼산(三山)으로 하였다. 8월, 진무가 또 빈틈을 노려 쳐들어오니, 상이 기병 7천을 몰아서 패수 위쪽에서 8천여 급을 노획하였다.(삼국사기에는 4년 기사로 되어있음) 말갈이 신라의 실직을 침입하였다.

11월, 아신이 패수에서의 수치를 설욕하려고 7천병으로 한수를 건너서 청목령에 이르렀다가 큰 눈을 만나서 많은 이가 얼어 죽었더니, 군사를 돌려 한성으로 돌아가 군사들을 위로하였다.

◎ 6년(서기 396)병신, 3월, 상이 몸소 수군을 이끌고 대방(帶方)과 백제를 토벌하여, 10여 성을 함락시키고, 그 동생을

인질로 잡아서 돌아왔다. 5월, 왜가 사신을 보내서 토산물과 미녀 다섯을 바치면서 선록(仙道관련 서적)을 달라고 하였다. 운모가 아들 각언을 낳았다. 4월, 후연세조 모용수가 죽고, 아들 혜민제 모용보가 섰다.

◎ 7년(서기 397)정유, 정월, 두눌원에서 크게 군대를 사열하고, 날쌘 말과 용맹한 이를 귀하게 쳤더니 귀하지 않은 자가 지나치게 많았다. 평양이 아들 두련을 낳았다. 신라는 가물고 황충이 일어서 백성들이 굶주렸다. 백제 아신은 전지를 왜에 볼모로 보냈고, 왜는 딸을 전지에게 처로 주었다. 7월, 상이 태후와 함께 온탕에 갔다. 태상황 천원공 림이 산궁에서 죽었다. 해 태후가 북도의 온궁에서 살고자 청하여 허락하였다.

◎ 8년(서기 398)무술, 3월, 태후가 딸 희를 낳았다. 아신이 사두를 좌장군으로 삼아서 쌍현성을 쌓았다. 군사를 북맥땅으로 보내서 막사국과 가태국을 초략하였더니, 남녀 300사람이 소와 양으로 세공을 바치기로 약속하였다. 8월, 아신이 들어와 노략하며 한산땅의 북책에 이르자, 별이 군영 안으로 떨어졌고, 벽력같은 소리는 "네가 조상의 나라를 치면 반드시 망할 것이다"라 하는 것 같아서, 아신은 크게 두려운 나머지 돌아가더니, 서대에서 활쏘기를 연습하면서 말하길 "함부로 다른 사람을 공격하는 것이 아니었구나. 애오라지 지키기나 해야 되겠다"라 하였다. 상은 이를 듣고 그를 비웃으며 말하길 "안으로는 악행을 쌓으면서 밖으로는 의를 내거는 놈은 이렇게 되는 것이야"라고 하였다. 9월, 춘 태자가 고쳐 찬수한 유기

(留記) 70권을 바쳤더니, 상이 황금 100근을 하사하였다. 춘 태자가 효성으로 해 태후를 섬기면서, 자신의 비인 천을과 함께 유기와 대경(代鏡)을 고쳐 수립하느라 파묻혀서 10여년을 보내며 개수한 것이었다. 나라 안의 악행과 악습을 없애고 조종 열위 분들께서 하신 여러 훌륭한 말씀들과 이루신 업적들을 드높이는 일들은 가히 정경(政鏡:政事의 표본)으로 삼을 만한 것이었다. 이때 나이 39살이었다.

위의 탁발규가 12월에 칭제하였으며, 원조 모 이하 27인을 모두 황제로 하였다.

◎ 9년(서기 399)기해, 5월, 토 후가 아들 해를 낳았다. 운모가 아들 엽언을 낳았다. 상이 하모에게 이르길 "그대의 언니는 벌써 아들 둘을 낳았는데, 그대는 어찌하여 낳지를 못하는가?" 라 하였더니, 하모가 아뢰길 "소첩이 총애를 많이 받고서도 아직 낳지 못하는 것은 황령(皇靈:玉皇上帝=하늘님)께서 살펴 주시지 않으심입니다. 아무리 빌어보아도 조상신을 섬김만 같지 못할 것 같습니다. 동명신묘를 알현하였으면 합니다"라 하였다. 이에 상은 하모를 데리고 룡산으로 가서 아들을 빌었고, 평양(平壤)으로 돌아와서는 옥모(玉帽)상을 배알하였다.

이때 왜가 신라의 변방을 침범하였더니, 하모가 병사를 내어 구해주시길 청하였다. 상이 서구에게 명하여 5천 기병을 내었다. 신라왕 내밀(奈密)이 사신을 보내 왜가 이미 물러갔음을 고하고, 운모의 태자 생산을 경하하였다. 이에 상은 얼굴에 기쁨을 내비치며 이르길 "본시 같은 뿌리로 태어났으며, 또다시 원앙의 인연을 맺은 이래로 이렇게 많은 아들을 낳았으니, 함께 남과 북의 땅을 다스리자"라 하였다. 사신은 머리를 조아려 감사하고 떠나갔다. 상은 이 두 비를 거둔 이래 은총을 더하여 주었고, 내밀을 한 집안으로 여겨 상을 내린 것이 매우 많았다. 훗날에 사람들이 임금께서 남기신 말씀을 글로 쓰고 아름답게 꾸며 악부사(樂府詞)를 지었다.

신라 보금에 관한 일 또한 그 노래에 실려 있다. 7월, 신라에 황충이 일었다는 소식에 백제에게 명하여 신라에 곡식을 날라다 주라고 하였다. 백제왕 아신은 밖으로는 따르는 척하고 안으로는 어기면서 왜와 교혼하여 근심거리를 만들려 하였으나, 왜 또한 천명을 알아서 감히 위엄을 범하지는 못하고 성심으로 공물을 바쳤다. 아신은 스스로 백성들을 괴롭히고 병마를 대거 징발하여 많은 백성들이 식량을 가지고 신라로 귀부하였다.

상이 신라 백성들을 구휼하고자 국경으로 곡식을 운반하게 하였더니, 신라 내물왕 내밀이 고하여 아뢰길 "성상께서 지극히 걱정하여 주신 덕택에 하루 밤의 뇌우로 황충이 씻겨 나가고 곡식도 살아났습니다"라 하였다. 이에 상이 크게 기뻐하며 말하길 "그대의 나라도 마땅히 동명(東明)신을 섬겨야 할 것이오"라고 하였다. 운모를 용덕에게 처로 주었다.

◎ 10년(서기 400)경자, 2월, 모용성이 3만병을 이끌고 신성에 침입하고, 선봉 모용희는 남소로 돌아서 들어왔다. 이에 상이 정예기병 8천으로 곡림에서 모용희를 쳐서 대파하였고, 붕련과 룡신은 신성에서 큰 싸움을 벌였으며 하(河)의 위쪽까지 추격하여 목을 베고 붙잡은 것이 심히 많았다. 상은 거듭하여

장무의 서쪽을 쳐서 700여리의 땅을 넓히고, 5천여 호를 옮겨
놓고 돌아왔다.(삼국사기엔 9년 기사로 후연의 모용성이 고구
리를 징치한 것으로 기록되어 있다. 가소로운 변조를 누가 해
놓았나?)

왜가 신라에 침입했다는 소식에 서구와 해성 등을 보냈더니,
5만명을 이끌고 가서 구원하여 왜를 물러나게 하였다. 임나
(任那 가야)·안라(安羅 가야)·가락(加洛=駕洛) 등 모두가
사신을 보내서 입조하였다. 남방이 모두 평정된 것이었다.(매
우 시끄러운 국강상광개토경평안호태왕 비문 해설에 결정적
인 자료가 될 것임!)

6월, 초하루 경진일에 일식이 있었더니, 상이 태후를 모시고
온탕으로 가서 농사짓는 노인 100명과 효자·순손 37명에게
연회를 베풀었다. 상이 태후께 "해가 빛을 잃어 비록 사람들
에게 재앙이 되더라도, 임금이 마땅히 선행하며 잘못을 뉘우
치면 하늘 역시 마음을 돌릴 것입니다. 어머니께서는 아직 근
력이 좋으시니 백성에게 잔을 돌려서 위로 좀 해주시지요."라
부탁하였고, 태후가 "설사 폐하의 하교가 없으셨더라도, 첩이
어찌 「삼종의 도리」를 모르겠소"라 답하고, 소매를 걷고 술잔
을 돌렸더니, 백성들 모두가 감동하여 눈물을 지었다. 8월 태
후를 모시고 서천(西川)을 순시하며, 백성들과 여러 선원(仙
院)들에 하교하고, 뛰어난 인재들에게 상을 내렸다. 5부에 명
하여 각기 뛰어난 인재를 천거하게 하였고, 조서로 이르길
"나라에 인재가 있음은 집에 용마루 대들보가 있음과 같은 것
이오. 사람들이 어미를 귀히 여기고 나라가 인재를 귀히 여기
면, 응당 나라엔 항상 인재가 모자라지 않을 것이고, 어미들은

항상 즐거워 할 것이오"라 하였다. 평양이 초련을 낳았다.

◎ 11년(서기 401)신축, 3월, 태후가 딸 명을 낳았다.

신라 내밀이 사신을 보내 조공하며 "신은 금년이래로 노병이 점차 깊어지고 있습니다. 조카 보금이 폐하의 슬하에서 오래도록 있었사온데, 공주와 혼인하여 손자 (족손)를 낳았다고 들었으나, 한 번도 보지 못하였더니 눈물이 흐르는 것을 금할 수 없습니다. 신은 늙어서 이미 살날이 얼마 남지 않았으나, 제 소생 자식들이 모두 어립니다. 응당 보금이 공주와 짝을 이루어서 임금 자리에 앉게 되면, 당연히 폐하의 자손이 영원토록 남방의 임금이 될 것이옵니다. 폐하께서는 보금과 공주(天星)를 보내주시길 엎드려 소원하옵니다. 신은 공주와 손자(족손)의 얼굴을 한번만이라도 보고서 죽는다면 여한이 없을 것입니다"라 고하였다.

상은 이를 듣더니 측은히 여기어 이르길 "그렇겠다. 짐이 밝게 살피지 못하였음이다"라 하였다. 상이 곧 공주를 불러 묻기를 "누님은 보금과 함께 이미 아들 셋을 낳았소. 부부라면 마땅히 그 나라로 따라가야 할 것이오" 하였더니, 천성이 아뢰길 "첩 또한 오래도록 부왕(父王)을 뵙고 싶었습니다. 저희들을 보내주시길 청하옵니다"라 하였다. 이에 상이 관리에게 명하여 수레 천량을 잘 꾸며서 딸려 보내게 하고서 이르길 "사사로이는 나의 누님이나, 도리를 따지면 부녀가 되오. 가거든 그대의 시아비를 잘 섬겨서, 짐의 얼굴이 욕되게 하지 마시오"라 하였다. 천성이 네 번을 절하고 떠나갔다. 귀하게 치장한 향기로운 마차 행렬이 백리에 뻗쳤다. 신라 사람들은 이

들을 맞이하길 하늘같이 하였
다.

내밀왕은 공주를 매우 어여삐
여기더니 병이 나았다. 공주가
기뻐하며 "첩이 좀 더 일찍 왔
었더라면 부황(父皇)께서 병이
일찍 나으셨을 걸 그랬습니다.
늦게 온 것이 한입니다"라 아뢰
었다. 내밀 또한 그렇게 여기어
서 공주가 곁을 떠나지 못하게
하였다. 상이 이를 듣고 크게 기
뻐하여서, 하사한 의약·진미·
관 모두가 줄을 이었더니, 옥모
(玉帽) 시절의 배가 되었다. 이

경기도 구리시에서 세운 광개토대제 동상

해에 신라는 가물었는데, 공주가 국경으로 들어서자 큰 비가
내리고 곡식들이 살아났다. 신라의 세간에서는 이를 낭주우
(娘主雨:여주인이 내린 비)라 불렀다.

이해 8월, 모용성이 적도에게 피살되었다. 나이 스물아홉이
었다. 혹자는 정 태후가 자신이 아끼는 희를 세운 것이라고도
한다.

◎ 12년(서기 402)임인, 2월 춘 태자를 금성(金城)으로 보내
내밀 왕을 조상하고, 보금을 신라 임금으로 천성(天星)을 신
라의 비로 책봉하였다.(삼국사기엔 이 기록이 없음) 천성의
장녀 효진은 내밀의 친아들 눌기의 처로 삼았다. 11살이었다.

4월, 붕련·룡신·서구 등을 보내 거란을 정벌하여 그 임금 오귀를 사로잡고, 구리성·대극성 등을 빼앗았다. 내친김에 모용귀를 숙거에서 쳐서 그 선봉을 참하였다. 단개귀는 성을 버리고 서쪽으로 도망하였고, 희(熙)도 도망하여 요수를 지켰다. 이리하여 요동이 모조리 평정되었다.(삼국사기엔 말 많은 요동을 '모조리 평정했다'는 기록 삭필!) 상이 해 태후를 모시고 란궁(鸞宮:西都)에서 3일간 큰 연회를 열었다.

모용위와 모용준의 딸 등에게 술을 따르라 하였더니, 해 태후가 모용황 적에게 당하던 시절의 얘기를 하더니만, 상에게 아뢰길, "노첩이 죽지 않고 살아 있어서 폐하의 영웅하심을 목도하였습니다. 이제 죽는다 한들 어찌 한이 있겠습니까? 지난날, 황이는 교만·방자하고 호색하여 요절하였고, 준이와 위도 제 아비를 닮더니 나라가 망하였습니다. 폐하께서는 의당 너그럽고 인자하시며 즐겨 덕을 베푸셔야 할 것이며, 모씨 여자들에게도 보복하지 마시고 아울러서 의당 색사에도 신중하셔야 할 것이며, 용맹함도 절제하시어 무력에만 빠지지도 마시고 글도 닦으시어서, 백성을 편안하게 해주세요"라 하니, 상이 이르길 "나라의 땅을 넓게 여는 것이 동명(東明)의 뜻이었음에도 대무·태조·미천께서도 이를 미처 이루지 못하셨습니다. 허나, 짐이 이미 그 뜻대로 닦아 놓았으니, 너무 지나친 염려는 없으시길 바랍니다"라 하였다.

두 후에게도 이르길 "아녀자들이 사람을 따름에는「삼종지도(三從之道) 」가 있음인데, 물·불과 끓는 가마솥으로 뛰어들지언정 어찌 적들에게 욕을 당한단말이오? 나는 늘 주 태후께서 황이의 비위를 맞추다가 자식을 낳은 것이 부끄러웠

소. 그대 등은 만일에라도 그런 꼴을 당하게 되거든 자진하시오"라 하고는, 보검을 두 후에게 건네 주었다. 해 태후도 이 소리를 듣더니만 무안함을 어쩌지 못하는 듯 스스로를 책망하였다.

5월, 태후를 모시고 온탕도장으로 가서 주기제(=고국양환갑 제사)를 올렸다. 후들 역시 따라 갔었다. 6월, 또 고국원으로 가서 연(燕)을 멸하였음을 국원릉에 고하였고, 또한 국양릉에 주기제를 올렸다. 상이 두 후와 종척들에게 이르길 "처가 남편을 위해 죽고, 신하가 임금을 위해 죽으며, 노비가 주인을 위해 죽는 것은 도리가 바로 선 것이오. 하지만 처가 아들을 따르는 것은 구차한 일이고, 동명(東明)께서 따라 죽는 것을 금하신 것 또한 구차한 것이었소"라 하였더니, 두 후가 아뢰길 "첩들도 따라 죽길 원하옵니다"라 하였다.

이에 상은 아무 말 없이 눈물 흘리더니, 이르기를 "인생이란, 대저 주기 60년으로 떠도는 한바탕의 꿈과 같은 것이거늘, 이 몸은 어찌하여 다급하게 허둥대고만 있을꼬"라 하였더니, 태후 또한 눈물지으면서 "첩이 옳은 도리를 몰랐기에 명줄에 욕심을 내고 죽지 않았었으며, 부끄러움을 어쩔 줄 몰라 하다가 참회하기에 이르기도 어려웠습니다"라 하였더니, 상은 "그것은 선문(仙門)의 유풍 때문이었지, 태후께서야 무슨 죄가 있겠습니까! 색두(索頭)에서 자식이 서면 어미를 죽게 하는 것도 나쁜 풍습이고, 여치(呂稚)가 번쾌와 통정하고 모돈에게 옷을 풀어헤친 것도 추한 일이었습니다"라 하였다. 이에 춘 태자가 "사람 됨됨이의 차이는 털끝 하나 차이이고, 죽기 또한 어렵지만 살아 있기 역시 어려운 것입니다. 아들을 따르는 것이 옳음을 성인께서도 밝히셨습니다"라 아뢰었더니, 상은 운모와 하모 두 비에게 명하여 갈잎 피리를 불고 춤을 추게 하고는 자리를 파하였다.

9월, 동명대제(東明大祭)를 거행하였다. 왜・신라・진(秦)연(燕)・진(晉)・맥(貊)・백제・가야의 여덟 나라 여인들이 춤사위를 올리고 곡을 불어 바쳤다. 나라가 있어 온 이래 처음 있는 성대한 의식이었다.(삼국사기엔 사해를 평정한 후에 이러한 대규모 축연을 열었던 기록이 남아있지 않다. 왜?!)

상이 왜의 사자에게 이르길 "너희 나라는 멀리 물 가운데 있으면서도(또는 먼 구석 땅에 있으면서도), 성심으로 공물을 가져오길 백년이 지났지만 한 점 변함이 없었으니 충성스럽다 할 것이며, 오늘 춤사위를 밟는 것으로 보아 너희 나라의 풍속도 알 만하다. 돌아가거든 너희 왕에게 일러서, 후궁에 딸을 바치고, 아들을 보내와서 학문하게 하며, 영원한 신민이 되어 너희 나라에 널리 짐의 교화가 미치게 하라. 뿐만 아니라 신라 보금은 짐의 고굉지신이고 그의 처가 짐의 딸이거늘, 너희 왕은 아신과 더불어 혼인하고서 보금을 도모하려 하였다. 결단코 불가함이다. 이날 이후로는 보금과 화친하며 서로 혼인하여도 좋다"라 하였다. 이에 왜는 미해를 사위로 삼고 화친하였다. 미해는 겨우 10살이었다.

◎ 13년(서기 403)계묘, 정월, 신라왕 보금이 미품을 보내서 입조하였다. 작(鵲)태자의 후예로, 자신을 낮추어서 예의를 차릴 줄도 알고 식견에도 뛰어났으며, 일찍이 보금을 따라서 들어왔었기에 우리의 예절에도 익숙하여 있었다. 지금에 와서

보금이 미품에게 각간 자리를 주고 군사에 대한 정사를 맡겼다고 하였다. 3월, 왜의 임금이 아들 맥수를 보내서 딸을 호송하여 후궁에 바치며 아뢰길 "신 인덕(仁德)은 먼 해상에서 태양과 함께 있으며 아직 황상의 교화에 젖지 않았더니, 오래도록 마음속엔 모자람이 있었습니다. 언뜻 듣자오니, 황제 폐하께서는 성덕이 3황(三皇:태호복희·염제신농·황제헌원)을 능가하고, 공은 5제(五帝:소호금천·전욱고양·제곡고신·요·순)를 넘어서셨고, 5부(五部)·8맥(八貊)의 자식들이 첩을 살고 있으며, 남쪽 땅을 복속하시어 3한(三韓)땅을 아우르셨으며, 서쪽으로는 두 진(東晋, 後晋)의 땅을 억누르고 계신다 하오시며, 신에게 명하시길 딸을 바치고 신의 땅에서 영원토록 임금을 하라면서 대대로 가까이 지내자 하셨다니, 신은 두렵기도 하지만 기쁜 마음에 어찌할 바를 모르겠습니다. 삼가 규의 법도를 따라 감히 두 딸을 바치오니, 예의를 차려서 애교를 떨지 못하여도, 실은 부끄러워하는 섬의 습속 탓이오니, 버리지 않으시면 다행이겠습니다"라 하였다. (삼국사기에 이런 기록이 없음은 물론이고, 호태왕비 판독해설에 결정적인 자료가 될 것임)

상이 "누가 이 글을 지었느냐"고 물었더니, 사신이 아뢰길 "맥군과 문장이 이 글을 지었습니다. 우리 사람들 모두가 그 밑에 들어가서 스승으로 삼은 자이옵니다"라 하였다. 이에 상이 연도에게 "왜는 우리에게서 배운지 50년 불과한데도 그 이룸이 이러하거늘, 우리나라는 글을 익힌 지 300년이 되었는데도 도리어 이만하지 못하잖소"라 일렀더니, 연도가 아뢰길 "문을 중히 여기면 무가 무너지고, 무를 중히 여기면 문이 쇠하여지니, 이 둘 모두가 잘 되어지기는 어렵습니다. 신이 유(幽)와 기(冀)의 땅에 가 보았더니, 한(漢)인들은 글을 깨우친 자가 백에 하나도 되질 않았고, 금수(禽獸)의 행실과 다름이 없었습니다. 백년대계는 서둘러서 허술하게 할 수는 없을 것입니다"라 하였다.

연도는 천강의 오빠이고 평산 공주의 짝으로, 선제 즉위 8년에 궁중의 상(相)이 되어 웃전을 모시는 일을 도맡았었고, 큰 잘못이 없었다. 상은 그가 그 일을 맡은 지 오래 되었으므로 면형이 대신하게 하고, 외방으로 내보내서 책성(柵城)을 지키게 하였다가 우보로 올렸더니, 태후와 함께 큰 정사에 간여하였으며, 일하는 것이 부지런하고 착실하였다. 이에 상이 기뻐하여 이르길 "경은 척족이면서도 마음 씀씀이가 백성들에게 교만하지 않았고, 정사에 있어서도 게으르지 않았으니, 짐에게는 충성스런 신하로서 20여년을 하루같이 한 것이었소. 설사 장자방의 수는 없다 할지라도 방통이 되기엔 충분하였으니, 누구의 공적인들 기뻐할 일 아니겠소"라 하였다. 그의 처 평산 역시 상이 어여삐 여겼음에도, 상이 뛰어나게 노력하시는 기풍에 눌려서 감히 자행하지 않고 맑고 깔끔하게 본분을 지켰더니, 두 후와 함께 곤덕(坤德)이 있다고 국인들이 칭송하였다. 7월, 아신이 보금의 나라를 침입하였기에, 상이 군병을 파하라고 명하였더니, 능히 교전하지 못하고 그만두었다.

◎ 14년(서기 404)갑진, 정월, 해 태후가 북도에서 죽어 국원릉에 장사하였다. 춘추 여든 둘이었다. 5월, 룡성(龍城)이 반란하기에, 붕련에게 명하여 토벌하게 하였더니, 희(熙)가 죽기로

지켜서 빼앗지는 못하였다. 이때 왜가 대방(帶方)으로 쳐들어 왔기에, 붕련에게 군사를 움직여 왜선을 공격하게 하였더니, 목을 베고 사로잡은 수를 헤아릴 수 없었다. 이들은 해적 무리로서 인덕(仁德)왕이 알지 못하는 자들이었으나, 인덕이 사신을 보내어 사죄하였다. 상은 서구를 왜로 보내서 그 진상을 알아보게 하였다.(인덕의 왜가 고구리 대제국의 속방이 되었으니 가능한 일일 것임) 천성이 사람을 보내어 아뢰기를 "금년 2월에 보금의 조상 사당을 배알하였으며, 동명(東明)단상(檀像) 및 중천제(中川帝)와 옥모(玉帽)의 상들도 만들어 궁중에 두고서 보금과 함께 아침저녁으로 참배하며 성상을 위해 빌고 있습니다"라 하였다. 태후가 딸 길을 낳았다.

◎ 15년(서기 405)을사, 정월, 모용희가 자신의 처와 함께 장무성으로 침입하여 왔다가 대패하여 물러갔다(삼국사기엔 14년 기로 나와 있음) 희는 바탕이 무모하고 사나웠으며, 아리따운 여인에게 빠져 조카 성을 죽이고 스스로 보위에 올라서 폭력만을 행사하였더니, 무리들이 복종하지 않았다. 2월, 발규가 사신을 보내서 낙타를 바치고, 자신을 을두지(乙豆智)의 외예라 하면서, 동명(東明)이 이루려 했던 바를 함께 이루자고 청하였다. 4월, 보금이 독산에서 왜구 3백의 목을 베었다.

이들은 지난해 쳐들어왔던 왜의 잔적들이었다. 왜의 땅엔 큰 섬이 많고 서로가 다른 무리들이어서 인덕(仁德)의 교화가 두루 미치지 못하였음에 이런 일이 있었다고 하였다. 7월, 서구가 왜에서 돌아와 왜의 풍습과 산천 및 물길에 대하여 아뢰었다. 이해 9월, 백제왕 아신(莘)이 죽자, 이를 숨기고 발상하지 않은 채 왜에 있던 전지를 맞아들였다. 아신의 막내 동생 설례가 중형 훈해를 죽이고 스스로 보위에 오르자, 전지는 왜에서 따라온 지키는 이들과 함께 섬으로 들어가서 기다렸고, 해충 등이 설례를 죽이고 전지를 맞아들여 보위에 세운 것이었다. 전지의 처 팔수는 인덕의 딸이고, 서구의 첩과는 같은 어미를 두었으며, 섬 중에서 자식을 낳았는데 그 이가 구이신(久爾辛)이다.

◎ 16년(서기 406)병오, 12월, 모용희가 친히 거란을 치려 형북에 이르렀다가, 군병을 몰래 움직여서 돌아들어와 목저성을 쳤으나, 크게 패하고 물러갔다. 호련을 용덕 태자비로 삼았다.

◎ 17년(서기 407)정미, 정월, 신축일 초하루 연이 대대적으로 사면하고, 연호를 '건시'로 바꿨다. 2월, 궁실을 늘려지었다. 붕련과 해성에게 명하여 5만병을 이끌고 나가 모용희를 치게 하였더니, 장무의 서쪽에서 싸웠다. 모조리 죽여서 쓸어내고, 개갑(갑옷) 만 벌을 노획하였으며, 군자 및 기계는 그 수를 셀 수도 없었다. 사구 등 여섯 성을 빼앗았다. 4월 희의 처 부씨가 죽었다. 7월, 모용운이 희를 죽인 후 왕이 되었다. 초하루 무술일에 일식이 있었다. 풍발(馮跋)과 고운(高雲)이 모용희(熙)를 죽이고 찾아와서 용서를 빌고 조공하겠다고 약속하였다.(삼국사기엔 이 기록 없음)

◎ 18년(서기 408)무신, 3월, 고운이 찾아와서 공물을 바쳤다. 고운은 고루(高婁)의 후손으로, 미모로 인하여 모용보와 모용

희의 처 부(符)씨의 총애를 받았었다. 부씨가 죽자 희가 해치려 들었더니, 고운은 풍발과 함께 희를 죽이고 신하되기를 청하며 찾아와서 의탁한 것이었다. 상은 그가 동명(東明)의 서류인 까닭에 잘 대하여 주었다. 전지가 자신의 이복동생 여신을 상좌평으로 삼고 군정을 위임하였다. 왜가 신라의 대마도를 침범하였다. 호련이 용덕의 아들 호경을 낳았다. 혹자는 장수제의 아들이라고도 한다.

◎ 19년(서기 409)기유, 4월, 거련(巨連)을 동궁태자로 삼고, 장자인 경(鯨)에게는 명하여서 선왕(仙王)이 되라 하였다. 7월, 나라 동쪽에 독산 등 여섯 성을 쌓고 평양 백성들을 옮겨서 둔을 쳤다. 8월, 남쪽을 순시하고 그곳 성들의 백성을 살폈다. 10월, 위(魏)에선 탁발규의 아들 탁발소가 아비 규를 죽이고 자신이 보위에 섰다가, 적형 탁발사에게 토벌당해 죽었다. 규가 애초에 어미의 여동생 하란의 미모를 보더니만 연통(戀通)하고 싶어 하자, 그 어미가 시샘하며 이르길 "유부녀와 놀아나면 변고가 생기는데, 어찌 할 테냐?"라 하였더니, 규가 그녀의 남편(이모부)을 죽이고 그녀(이모)를 거두어서 소를 낳았더니, 소가 흉악한 이리같이 무도하여 필경엔 규를 죽인 것이었다.

탁발십익건과 탁발규 모두가 첩의 자식에서 죽임을 당하였으니, 아무리 영특하면 무엇 하겠는가. 상이 동궁에게 이르길 "탁발식과 탁발소 모두는 어미를 치붙고 아비를 죽였다. 경계하지 않아도 되겠느냐?"라 하였다. 이달에 풍발이 고운을 죽이고 자신이 보위에 섰더니, 상이 또 동궁에게 이르길 "고운

은 자신의 미모 때문에 사람을 섬기다가 귀하여졌으나, 필경
엔 자신의 임금을 죽였고, 또한 미모를 사랑하다가 풍발에게
죽임을 당하였다. 사람들의 임금이 된 자는 남색(미모의 남
자)과 미색을 경계하여야 할 것이다. 태후가 딸 충을 낳았다.

◎ 20년(서기 410)경술, 정월, 풍발 정벌을 의논하던 중에, 동
부여가 반란하여 그 보답으로 여성(餘城)을 토벌하고 그 왕
은보처를 붙잡아서 돌아왔다. 64성 1,400여 촌락이 우두머리
모두를 다른 이들로 갈아치웠다. 이 일로 풍발을 치는 일은
그만두었다.

천룡을 동궁 상비로 삼산을 동궁 차비로 삼아 주고는, 상이
후 셋과 함께 동궁 및 두 동궁비를 대접하였다. 흥이 높아지
매, 동궁을 달래어 이르길 "네가 이 두 여인을 아끼고 여타의
여인들을 탐하지 않는다면, 가히 나를 능가할 것이다. 허나, 나
처럼 호색한다면, 고운과 탁발규의 꼴을 면치 못할 것이다"라
하였다. 이에 태후가 "조종이 있어 온 이래 처를 둘만 두신 주
상이 계셨다는 말은 들어보지 못하였소. 폐하께서는 어찌 운
과 규를 들어 훈계하십니까"라 하였더니, 상이 크게 진노하면
서 국그릇을 땅바닥에 내동댕이치며 이르길 "예쁜 것들이 사
내를 죽이는 흉기란 말입니다"라 하였다. 이에 태후가 당상에
서 내려가 죄를 청하고, 두 동궁 비와 동궁이 슬퍼하며 애원
하였더니, 한참이 지나서야 진노가 가라앉았다. 이 일이 있은
다음부터 상은 자주 대노하였다. 신라왕 내밀의 아들 보해가
내조하였기에, 마련을 그에게 처로 주었다.

◎ 21년(서기 411)신해, 정월, 풍발이 사신을 보내와 아뢰길 "신은, 앞선 신하 고운이 남긴 조서를 좇아 보위를 잇고 고운의 딸을 처로 삼았습니다. 세세토록 조상 나라의 신하가 되겠습니다. 삼가 저희 땅에서 나는 것들을 챙겨서 바치며 정성을 표시하옵니다"라 하였다. 상이 사신의 목을 베어 죄를 물으려 하였다가, 연도와 붕련이 말려서 그만두었다. 5월, 상이 세 명의 후와 함께 온탕 도장으로 가서 여름을 지내고 란궁(서도)으로 돌아왔다. 보금이 보해를 돌려보내 주기를 청하여, 마련을 딸려 보내주었다. 마련이 보준을 낳았고, 토 후가 감산을 낳았다. 동궁봉례 부운이 아들 황을 낳았다. 연궁의 처였다. 7월, 풍발이 딸 락랑을 유연의 곡률에게 처로 주었다.

◎ 22년(서기 412)임자, 3월, 풍발이 딸을 후궁에 바치면서 장무와 숙거 땅을 떼어주길 청하였으나 허락하지 않았다. 6월, 걸복 국인의 아들 구부가 건귀를 죽이자 건귀의 아들 치반이 하남왕(河南土)을 자칭했다. 7월, 마련이 글을 올려 돌아오고 싶다고 청하기에 보해와 함께 들어오게 하여서, 천성의 옛 궁에서 살게 하였다.

◎ 23년(서기 413)계축, 2월, 태후가 딸 호태를 낳았다. 이때 보산 쉰아홉이었는데, 젊은 며느리처럼 늘 예쁜 옷을 입었으며 순산하였다. 사람들이 상 태후의 후신이라고 여겼다. 8월, 신라왕 보금(寶金)이 천성과 함께 랑산(狼山)에서 동명신상을 배알하였더니, 색색구름이 휘둘러 일어나고 저절로 누각이 만들어졌으며 향내도 자욱하여 사라지지 않았던지라, 선사(仙

師)를 보내 달라 하였으며 도장도 열고 싶어 하였다. 이에 상이 경 태자에게 명하여 가 보도록 하였더니, 보금은 평양대교를 만들어 황은에 답하였다.

◎ 24년(서기 414)갑인, 5월, 상이 태후를 모시고 온탕에 갔다.

6월엔 국양릉(國襄陵)을 찾아뵙고 비류 온탕궁에서 머물다가, 병이 들자 두 후와 동궁 및 두 동궁 비를 불러서 전위하였다. 동궁은 고사하였으나 하는 수 없어 북도의 주유궁(朱留宮)에서 즉위하였다. 7월에 상이 주유궁에서 죽었다.(삼국사기에서는 22년 겨울 10월이기에!) 춘추 서른아홉이었고, 평양 후도 따라 죽었다. 황산(黃山)에 장사하였다.

광개토대제의 뒤를 이어 아들 장수제가 즉위하고 국내성에 장군총이라는 고주몽 성제릉을 보수하고, 국강상 광개토경 평안 호태왕릉과 동양 최대의 비석 광개토대제릉비를 웅장하게 세웠다.

장수제는 평양태후 권고로 공맹사상인 유도가 높은 8인을 입조케 했으며, 또 장수제는 남진정책을 펴서 도읍을 국내성에서 평양으로 옮겨 안학궁을 짓고 대성산성을 쌓은 후 서부여까지 격멸하여 최대의 전성기를 누렸다.

부여국은 단군조선 44세 단군이 국호를 대부여로 바꾼 뒤(서기전 425년) 고해모수의 북부여와 동부여, 졸본부여로 나눠지고, 끝내는 고구려로 이어지고 일부가 연나부부여(서부여)로 이어졌다. 서부여는 선비국 모용씨가 서부여 6세 의려왕과 7세왕 의라를 두 차례 패퇴시킨바 있는데, 결국 고구려 21대

문자명제가 통합하여 서부여를 소멸시키니(서기 494년), 사슴을 좋아한 부여족의 부여국은 919년간 존속하다가 역사에서 사라졌다.

　이어 가야 백제 고구려의 멸망을 보면, 광개토대제는 신라를 지원하여 가야연맹을 해체시켰으며, 신라 법흥왕은 금관가야를 멸망시키고(서기 532년), 진흥왕은 대가야를 멸망시켰다.(서기 562년)

　나당연합군에 의해 백제가 망하고(서기 660년), 8년 후에는 고구려도 일단 멸망했다.(서기 668년, 단기 3001년) 그러나 곧이어 대조영이 후고구려라는 발해를 세워 고구려를 이었고, 발해 멸망후에는 정안국에 이어 왕건이 고구려를 잇는 고려를 건국하여 소생시키며 500여 년간 지속되었다. 사람들의 생명력은 무한하여 일제강점기에는 우리민족이 항일민족독립운동을 하면서도 대제국 단군조선과 고구려를 다물하려는 민족혼을 불태웠었다.

　역사는 면면히 흐른다.

　한자락 흰구름이 하늘을 감도는데,
　어느 곳 한 자리도 머물수가 없더니
　구름새 푸른하늘은 예와 이제 같더라.

제 10장

광개토대제릉비문

옛적에 시조이신 추모왕(鄒牟王)께서 나라를 세우셨는데 (왕께서는) 북부여(北夫餘)에서 나오신 천제(天帝)의 아드님 이었고 모친은 하백(河伯 : 水神)의 따님이셨다. 알을 깨고 세상에 나왔는데, 태어나면서부터 성(聖)스러운 덕(德)이 있었다 ▨▨▨▨▨ 말을 타고 순행하시다가 남쪽으로 내려가는데, 부여의 엄리대수(奄利大水)를 거쳐가게 되었다. 왕께서 나룻가에서 "나는 천제(天帝)의 아들이며 하백(河伯)의 따님을 어머니로 한 추모왕(鄒牟王)이다. 나를 위하여 갈대를 연결하고 거북이를 물에 띄우라."라고 하셨다. 말이 끝나자마자 곧 갈대가 연결되고 거북떼가 물위로 떠올랐다. 그리하여 강물을 건너가서, 비류곡(沸流谷) 홀본(忽本) 서쪽 산상에 성을 쌓고 도읍(都邑)을 세웠다. 왕이 왕위에 싫증을 내니, (하늘님이) 황룡(黃龍)을 보내어 내려와서 왕을 맞이하였다. (이에) 왕은 홀본(忽本) 동쪽 언덕에서 용의 머리를 디디고 서서 하늘로 올라가면서 몸을 돌려 세자(世子)였던 유류(儒留)를 왕으로 명하고서 "도(道)로써 흥치(興治)하라" 하시니라.

유명(遺命)을 이어받은 세자(世子) 유류왕(儒留王)은 도로
써 나라를 잘 다스렸고, 대주류왕(大朱留王)은 왕업(王業)을
계승하여 발전시키었다.

17세손(世孫)에 이르러 국강상광개토경평안호태왕(國岡上廣
開土境平安好太王)이 18세에 왕위에 올라 연호를 영락이라 하
였다. 태왕의 은택(恩澤)이 하늘까지 미쳤고 위무(威武)는 사
해(四海)에 떨쳤다. (나쁜 무리를) 쓸어 없애니, 백성이 각기
그 생업에 힘쓰고 편안히 살게 되었다. 나라는 부강하고 백성
은 유족해졌으며, 오곡이 풍성하게 익었다. (그런데) 하늘이
(이 백성을) 어여삐 여기지 아니하여 39세에 세상을 버리고
떠나시니, 갑인년(甲寅年) 9월 29일 을유(乙酉)에 산릉(山陵)
으로 모시었다. 이에 비를 세워 그 공훈을 기록하여 후세에
보여주고자 한다. 그 말씀[詞]은 아래와 같다.

패려(稗麗)가 고구려인에 대한 (노략질을 그치지 않으므로),
영락 5년 을미(乙未)에 왕이 친히 군사를 이끌고 가서 토벌하
였다. 부산(富山), 부산(負山)을 지나 염수(鹽水)에 이르러 그
3개 부락 600 ~ 700영(營)을 격파하니, 노획한 소·말·양의
수가 이루 다 헤아릴 수 없었다.

이에 왕이 행차를 돌려 양평도(襄平道)를 지나 동으로 ▨성
(▨城), 역성(力城), 북풍(北豊), 오비▨(五備▨)로 오면서 영
토를 시찰하고, 수렵을 한 후에 돌아왔다. 백잔(百殘)과 신라
(新羅)는 옛부터 고구려 속민(屬民)으로 조공(朝貢)을 해왔다.

그런데 왜가 신묘년 (辛卯年)이래로 바다 를 건너와 왕이 백잔 (百殘)과 왜구와 신라 (新羅)를 파(破)하고 신민(臣民)으로 삼았 다.

영락 6년 병신(丙申) 에 왕께서 친히 군사 를 이끌고 백잔국(百 殘國)을 토벌하셨다. 고구려군이 (3字 不

광개토대제릉 비각 앞에 선 저자(왼쪽)와 박종홍 전 국회 입법처장

明)하여 영팔성, 구모로성, 각모로성, 간저리성, 성, 각미성, 모로성, 미사성, 사조성, 아단성, 고리성, 리성, 잡진성, 오 리성, 구모성, 고모야라성, 혈성, 이야라성, 전성, 어 리성, 성, 두노성, 비리성, 미추성, 야리성, 태산한성, 소가성, 돈발성, 성, 루매성, 산나성, 나단성, 세성, 모루 성, 우루성, 소회성, 연루성, 석지리성, 암문성, 임성,  리성, 취추성, 발성, 고모루성, 윤노성, 관노성, 삼양 성, 증성, 노성, 구천성 … 등을 공취(攻取)하고, 그 수 도(首都)를 점령하였다. 백잔(百殘)이 의(義)에 복종치 않고 감히 나와 싸우니 왕이 크게 노하여 아리수를 건너 정병(精 兵)을 보내어 그 수도(首都)에 육박하였다. (백잔군이 퇴각하 니 …) 곧 그 성을 포위하였다. 이에 잔주(殘主)가 곤핍해져,

남녀(男女) 생구(生口) 1천 명과 세포 천 필을 바치면서 왕에게 항복하고, 이제부터 영구히 고구려왕의 노객(奴客)이 되겠다고 맹세하였다. 태왕은 (백잔주가 저지른) 앞의 잘못을 은혜로서 용서하고 뒤에 순종해 온 그 정성을 기특히 여겼다. 이에 58성 700촌을 획득하고 백잔주(百殘主)의 아우와 대신 10인을 데리고 수도로 개선하였다.

영락 8년 무술(戊戌)에 한 부대의 군사를 파견하여 백신(帛愼 : 息愼, 肅愼) 토곡(土谷)을 관찰(觀察), 순시(巡視)하였으며 그 때에 (이 지역에 살던 저항적인) 모▨라성(莫▨羅城) 가태라곡(加太羅谷)의 남녀 삼백여 인을 잡아왔다. 이 이후로 (帛愼은 고구려 조정에) 조공(朝貢)을 하고 (그 내부의 일을) 보고하며 (고구려의) 명을 받았다.

영락 9년 기해(己亥)에 백잔(百殘)이 맹서를 어기고 왜(倭)와 내통하였다. (이에) 왕이 평양으로 행차하여 내려갔다. 그 때 신라왕이 사신을 보내어 아뢰기를, "왜인이 그 국경에 가득 차 성지(城池)를 부수고 노객(奴客)으로 하여금 왜(倭)의 민(民)으로 삼았으니, 다시 왕께로 돌아올 수 있도록 명령을 내려주시길 부탁드립니다."라고 하였다. 태왕이 은혜롭고 자애로워 신라왕의 충성을 갸륵히 여겨, 신라 사신을 보내면서 (고구려측의) 계책을 돌아가서 알리게 하였다.

10년 경자(庚子)에 왕이 보병과 기병 도합 5만 명을 보내어 신라를 구원하게 하였다. 남거성(男居城)에서부터 신라성(新

羅城 : 國都)에 이르기까지, 그 사이에 왜군이 가득하였지만, 관군이 도착하니 왜적이 퇴각하였다. (고구려군이) 그 뒤를 급히 추격하여 임나가라(任那加羅)의 종발성(從拔城)에 이르니 성(城)이 곧 항복하였다. 그래서 라인(羅人)을 술병으로 두셨다. … 신라성(新羅城) ▨성(▨城) … 하였고, 왜구가 크게 무너졌다. (이하 77자 중 거의 대부분이 불명. 대체로 고구려 군의 원정에 따른 임나가라 지역에서의 전투와 정세 변동을 서술하였을 것이다). 옛적에는 신라 매금(寐錦)이 몸소 고구려에 와서 보고를 하며 청명(聽命)을 한 일이 없었는데, 국강상광개토경호태왕대(國岡上廣開土境好太王代)에 이르러 (이번의 원정으로 신라를 도와 왜구를 격퇴하니) 신라 매금이 … 하여 (스스로 와서) 조공(朝貢)하였다.

14년 갑진(甲辰)에 왜(倭)가 법도(法度)를 지키지 않고 대방(帶方) 지역에 침입하였다. … 석성(石城) (을 공격하고 …), 연선(連船) … (이에 왕이 군대를 끌고) 평양을 거쳐 (… 로 나아가) 서로 맞부딪치게 되었다. 왕의 군대가 적의 길을 끊고 막아 좌우로 공격하니, 왜구가 궤멸하였다. (왜구를) 참살한 것이 무수히 많았다.

17년 정미(丁未)에 왕의 명령으로 보군과 마군 도합 5만 명을 파견하여 … 합전(合戰)하여 모조리 살상하여 분쇄하였다. 노획한 (적병의) 갑옷이 만여 벌이며, 그 밖에 군수물자는 그 수를 헤아릴 수 없이 많았다. 또 사구성 루성 ▨주성(▨住城) ▨城▨▨▨▨▨城을 파하였다.

20년 경술(庚戌), 동부여는 옛적에 추모왕의 속민(屬民)이었
는데, 중간에 배반하여 (고구려에) 조공을 하지 않게 되었다.
왕이 친히 군대를 끌고가 토벌하였다. 고구려군이 여성(餘城
: 동부여의 왕성)에 도달하자, 동부여의 온나라가 놀라 두려
워하여 (투항하였다). 왕의 은덕이 동부여의 모든 곳에 두루
미치게 되었다. 이에 개선을 하였다. 이때에 왕의 교화를 사모
하여 개선군(凱旋軍)을 따라 함께 온 자는 미구루압로(味仇婁
鴨盧), 비사마압로(卑斯麻鴨盧), 사루압로(社婁鴨盧), 숙사사압
로(肅斯舍鴨盧), ▨▨▨▨압로(▨▨▨▨鴨盧)였다. 무릇 공파한 성
(城)이 64개, 촌(村)이 1,400이었다.

(왕릉을 지키는) 수묘인(守墓人) 연호(烟戶)(의 그 출신지
(出身地)와 호수(戶數)는 다음과 같이 한다.) 매구여(賣句余)
민은 국연(國烟)이 2가(家), 간연(看烟)이 3가(家). 동해고(東
海賈)는 국연이 3가, 간연이 5가. 돈성(敦城)의 민은 4가(家)가
다 간연. 우성(于城)의 1가는 간연으로, 비리성(碑利城)의 2가
는 국연. 평양성민(平穰城民)은 국연 1가, 간연 10가(家). 자련
의 2가(家)는 간연. 배루인(俳婁人)은 국연 1가, 간연 43가. 양
곡(梁谷) 2가는 간연. 양성(梁城) 2가는 간연. 안부련(安夫連)
의 22가는 간연. 개곡(改谷)의 3가는 간연. 신성(新城)의 3가는
간연. 남소성(南蘇城)의 1가는 국연. 새로 약취해온 한(韓)과
예(穢)(의 연호(烟戶)는 다음과 같다.) 사수성(沙水城)은 국연
1가, 간연 1가. 모루성(牟婁城)의 2가는 간연. 두비압잠(豆比鴨
岑) 한(韓)의 5가는 간연. 구모객두(勾牟客頭)의 2가는 간연.

구저한(求底韓)의 1가는 간연. 사조성의 한예(韓穢)는 국연 3가, 간연 21가. 고모야라성(古模耶羅城)의 1가는 간연. 경고성(炅古城)은 국연 1가, 간연 3가. 객현한(客賢韓)의 1가는 간연. 아단성(阿旦城)과 잡진성(雜珍城)은 합하여 10가가 간연. 파노성(巴奴城) 한(韓)은 9가가 간연. 구모로성(臼模盧城)의 4가는 간연. 각모로성(各模盧城)의 2가는 간연. 모수성(牟水城)의 3가는 간연. 간저리성은 국연 1가, 간연 3가. 미추성(彌鄒城)은 국연 1가, 간연 7가. 야리성(也利城)은 3가가 간연. 두노성(豆奴城)은 국연 1가, 간연 2가. 오리성(奧利城)은 국연 1가, 간연 8가. 수추성(須鄒城)은 국연 2가, 간연 5가. 백잔남거한(百殘南居韓)은 국연 1가, 간연 5가. 태산한성(太山韓城)의 6가는 간연. 풍매성(豊賣城)은 국연 1가, 간연 7가. 윤노성(閏奴城)은 국연 2가, 간연 22가. 고모루성(古牟婁城)은 국연 2가, 간연 8가. 전성은 국연 1가, 간연 8가. 미성(味城)은 6가가 간연. 취자성(就咨城)은 5가가 간연. 삼양성(乡穰城)은 24가가 간연. 산나성(散那城)은 1가가 국연. 나단성(那旦城)은 1가가 간연. 구모성(勾牟城)은 1가가 간연. 어리성(於利城)의 8가는 간연. 비리성(比利城)의 3가는 간연. 세성(細城)의 3가는 간연.

국강상광개토경호태왕(國岡上廣開土境好太王)이 살아 계실 때 교(敎)를 내려 말하기를, '선조 왕들이 다만 원근(遠近)에 사는 구민들만을 데려다 무덤을 지키며 소제를 맡게 하였는데, 나는 이들 구민들이 점점 몰락하게 될 것이 염려된다. 만일 내가 죽은 뒤 나의 무덤을 편안히 수묘하는 일에는, 내가 몸소 다니며 약취(略取)해 온 한인(韓人)과 예인(穢人)들만을 데려다가 무덤을 수호·소제하게 하라'고 하였다. 왕의 말씀이 이와 같았으므로 그에 따라 한(韓)과 예(穢)의 220가(家)를 데려다가 수묘케 하였다. 그런데 그들 한인과 예인들이 수묘의 예법(禮法)을 잘 모를 것이 염려되어, 다시 구민 110가를 더 데려왔다. 신(新)·구(舊) 수묘호를 합쳐, 국연(國烟)이 30가이고 간연(看烟)이 300가로서, 도합 330가이다.

선조 왕들 이래로 능묘에 석비(石碑)를 세우지 않았기 때문에 수묘인 연호(烟戶)들이 섞갈리게 되었다. 오직 국강상광개토경호태왕(國岡上廣開土境好太王)께서 선조(先祖) 왕들을 위해 묘상(墓上)에 비(碑)를 세우고 그 연호(烟戶)를 새겨 기록하여 착오가 없게 하라고 명하였다. 또한 왕께서 규정을 제정하시어, '수묘인을 이제부터 다시 서로 팔아넘기지 못하며, 비록 부유한 자가 있을 지라도 또한 함부로 사들이지 못할 것이니, 만약 이 법령을 위반하는 자가 있으면, 판 자는 형벌을 받을 것이고, 산 자는 자신이 수묘(守墓)하도록 하라'고 하였다.

다음은 광개토대왕릉비에 적혀 있는 한문이다.

惟昔始祖鄒牟王之創基也, 出自北夫餘, 天帝之子, 母河伯女郞. 剖卵降世, 生[而*]有聖□□□□□. □命駕, 巡幸南下, 路由夫餘奄利大水. 王臨津言曰, 我是皇天之子, 母河伯女郞, 鄒牟王, 爲我連 浮龜. 應聲卽爲連 浮龜. 然後造渡, 於沸流谷, 忽本西, 城山上而建都焉. 不樂世位, 因遣黃龍來下迎王. 王於忽本東 , [履]]龍

顧昇天. 顧命世子儒留王, 以道興治, 大朱留王紹承基業. [遝]至
十七世孫國 上廣開土境平安好太王二九登祚, 號爲永樂大王. 恩
澤[洽]于皇天, 武威[振]被四海. 掃除口口, 庶寧其業. 國富民殷,
五穀豊熟. 昊天不弔, 有九, 寔駕棄國, 以甲寅年九月廿九日乙酉
遷就山陵. 於是立碑, 銘記勳績, 以示後世焉. 其詞曰. 永樂五年歲
在乙未, 王以稗麗不口口[人], 躬率往討. 過富山[負]山, 至鹽水
上, 破其三部洛六七百營, 牛馬群羊, 不可稱數. 於是旋駕, 因過襄
平道, 東來口城, 力城, 北豊, 五備口, 遊觀土境, 田獵而還.

百殘新羅, 舊是屬民 由來朝貢. 而倭以辛卯年, 來渡王破百殘倭寇
[新]羅以爲臣民.

以六年丙申, 王躬率口軍, 討伐殘國. 古利城, 口]利城, 雜珍城,
奧利城, 勾牟城, 古[模]耶羅城, [頁]口口口口城, 口而耶羅[城],
[ ]城, 於[利]城, 口口城, 豆奴城, 沸口口]利城, 彌鄒城, 也利城,
太山韓城, 掃加城, 敦拔城, 口口口城, 婁賣城, 散[那*]城, [那*]
旦城, 細城, 牟婁城, 于婁城, 蘇灰城, 燕婁城, 析支利城, 巖門口
城, 林城, 口口口口口口口[利]城, 就鄒城, 口拔城, 古牟婁城, 閏
奴城, 貫奴城, 穰城, [曾]口[城], 口口盧城, 仇天城, 口口口口,
口其國城. 殘不服義. 敢出百戰, 王威赫怒, 渡阿利水, 遣刺迫城.
口口[歸穴]口便[圍]城, 而殘主困逼, 獻出男女生口一千人, 細布
千匹, 王自誓, 從今以後, 永爲奴客. 太王恩赦口迷之愆, 錄其後順
之誠. 於是得五十八城村七百, 將殘主弟幷大臣十人, 旋師還都.九
年己亥, 百殘違誓與倭和通, 王巡下平穰. 而新羅遣使白王云, 倭
人滿其國境, 潰破城池, 以奴客爲民, 歸王請命. 太王恩慈, 矜其

忠[誠], □遣使還告以□計.十年庚子, 敎遣步騎五萬, 往救新羅.
從男居城, 至新羅城, 倭滿其中. 官軍方至, 倭賊退., □□□背急
追至任那加羅從拔城, 城卽歸服. 安羅人戍兵□新[羅]城□城, 倭
[寇大]潰.城□□□□盡□□□安羅人戍兵[新]□□□□[其]□□
□□□□□言□□□□□□□□□□□□□□□□□□□□
□□□□□辭□□□□□□□□□□□□□□□潰□□□安羅人戍兵.
昔新羅寐錦未有身來[論事], □[國 上廣]開土境好太王□□□
寐[錦]□□[僕]勾]□□□□朝貢.十四年甲辰, 而倭不軌, 侵入帶
方界. □□□□□石城□連船□□□, [王躬]率□□, [從]平穰□
□□鋒相遇. 王幢要截 刺, 倭寇潰敗. 斬煞無數.十七年丁未, 敎遣
步騎五萬, □□□□□□□□□師□□合戰, 斬煞蕩盡. 所獲鎧鉀
一萬餘領, 軍資器械不可稱數. 還破沙溝城, 婁城, □[住]城, □城,
□□□□□□城.廿年庚戌,東夫餘舊是鄒牟王屬民, 中叛不貢. 王
躬率往討. 軍到餘城, 而餘□國駭□□□□□□□□王恩普覆.
於是旋還. 又其慕化隨官來者, 味仇婁鴨盧, 卑斯麻鴨盧, 社婁鴨
盧. 肅斯舍[鴨盧], □□□鴨盧. 凡所攻破城六十四, 村一千四百.
守墓人烟戶. 賣句余民國烟二看烟三, 東海賈國烟三看烟五, 敦城
民四家盡爲看烟, 于城一家爲看烟, 碑利城二家爲國烟, 平穰城民
國烟一看烟十, 連二家爲看烟, 俳婁人國烟一看烟 三, 梁谷二家
爲看烟, 梁城二家爲看烟, 安夫連 廿二家爲看烟, [改]谷三家爲看
烟, 新城三家爲看烟, 南蘇城一家爲國烟. 新來韓穢, 沙水城國烟
一看烟一, 牟婁城二家爲看烟, 豆比鴨岑韓五家爲看烟, 勾牟客頭
二家爲看烟, 求底韓一家爲看烟, 舍城韓穢國烟三看烟廿一, 古
[模]耶羅城一家爲看烟, [炅]古城國烟一看烟三, 客賢韓一家爲看
烟, 阿旦城, 雜珍城合十家爲看烟, 巴奴城韓九家爲看烟, 臼模盧

城四家爲看烟, 各模盧城二家爲看烟, 牟水城三家爲看烟, 幹利城國烟一看烟三, 彌[鄒*]城國烟一看烟, 七, 也利城三家爲看烟, 豆奴城國烟一看烟二, 奧利城國烟一看烟八, 須鄒城國烟二看烟五, 百殘南居韓國烟一看烟五, 太山韓城六家爲看烟, 豊賣城國烟一看烟七, 閏奴城國烟二看烟卄二, 古牟婁城國烟二看烟八, □城國烟一看烟八, 味城六家爲看烟, 就咨城五家爲看烟, 穰城卄四家爲看烟, 散那城一家爲國烟, 那旦城一家爲看烟, 勾牟城一家爲看烟, 於利城八家爲看烟, 比利城三家爲看烟, 細城三家爲看烟. 國上廣開土境好太王, 存時敎言, 祖王先王, 但敎取遠近舊民, 守墓掃, 吾慮舊民轉當羸劣. 若吾萬年之後, 安守墓者, 但取吾躬巡所略來韓穢, 令備 掃. 言敎如此, 是以如敎令, 取韓穢二百卄家. 慮其不知法則, 復取舊民一百十家. 合新舊守墓戶, 國烟 看烟三百, 都合三百家.自上祖先王以來, 墓上不安石碑, 致使守墓人烟戶差錯. 唯國上廣開土境好太王, 盡爲祖先王, 墓上立碑, 銘其烟戶, 不令差錯. 又制, 守墓人, 自今以後, 不得更相轉賣, 雖有富足之者, 亦不得擅買, 其有違令, 賣者刑之, 買人制令守墓之.

고주몽성제에서
광개토대제까지

대제국고구려 백제 신라 가야 왜 5국역사기행

2018년 10월 8일 인쇄
2018년 10월 15일 발행

저 자 | 고준환
발행인 | 성의경
발행처 | 양현문고
등 록 | 제318-2012-000002호

주 소 | 서울 영등포구 국제금융로 8길 34
        오륜빌딩 501호
전 화 | 02-783-2667
팩 스 | 02-783-2668
E- mail | eksung40@naver.com
홈페이지 | http://www.new-media.co.kr

총 판 | 동명서적센터 전화 · 02-2265-6696
        팩스 · 02-2272-4571

정가 18,000원

ISBN 979-11-951700-2-9 03900